ÉRIK DESMAZIÈRES. IMAGINARY PLACES | LES LIEUX IMAGINAIRES D'ÉRIK DESMAZIÈRES

Ce catalogue paraît à l'occasion de l'exposition
« Les lieux imaginaires d'Érik Desmazières. Eaux-fortes et dessins »
conçue par le musée Jenisch Vevey – Cabinet cantonal des estampes
et présentée du 15 juin au 9 septembre 2007.

CATALOGUE

MUSÉE JENISCH

Conception
Lauren Laz

Traduction
Rosemary Besson
Le texte de Alberto Manguel
a été traduit par Christine Le Bœuf

5 CONTINENTS EDITIONS

Coordination éditoriale
Laura Maggioni

Direction artistique
Lara Gariboldi

Secrétariat de rédaction
Claire Roche
Timothy Stroud

Le catalogue a bénéficié du généreux soutien de la

FONDATION
LEENAARDS

5 Continents Editions Milan
www.fivecontinentseditions.com
Diffusion française I French distribution ISBN 978-88-7439-402-9
Diffusion anglaise I English distribution ISBN 978-88-7439-411-1

Musée Jenisch Vevey – Cabinet cantonal des estampes
ISBN 2-88428-045-6

LES LIEUX IMAGINAIRES D'ÉRIK DESMAZIÈRES

ÉRIK DESMAZIÈRES. IMAGINARY PLACES

EXPOSITION

Commissariat
Lauren Laz assistée de Fabienne Aellen

Montage des estampes et régie technique
Michel Cap et Dominique Gigante

Secrétariat et comptabilité
Agnes Duboux et Bernadette Jobin

Accueil
Raymond Delalay et Françoise Rossich

Nos remerciements s'adressent en premier lieu à Érik Desmazières,
Alberto Manguel et Maxime Préaud pour leur collaboration immédiate.
In the first place, we are very grateful to Érik Desmazières,
Alberto Manguel and Maxime Préaud for their immediate contribution.

Que soient également assurées de notre gratitude les institutions ayant
généreusement contribué à la mise en place de l'exposition :
We would like to express our gratitude to all the institutions
that helped with the exhibition:
Genève, Galerie Krugier et Cie
Neuchâtel, Galerie Ditesheim
Croton (NY), The Fitch-Febvrel Gallery
Paris, Arsène Bonafous-Murat S.A.R.L.
Zurich, Graphische Sammlung de l'ETH.

Nous ne saurions oublier d'exprimer notre chaleureuse reconnaissance
à ceux qui, de près ou de loin, par leurs conseils, leur amitié ou leur
contribution, ont permis de mener ce projet à son terme :
For their help in making this project happen, we would like to thank:
Arsène Bonafous-Murat, Corinne Caradonna, Isabelle Diacono,
François Ditesheim, Michel et Monique Duplain, Robert K. Elliott,
Julie Enckell Julliard, Andrew Fitch, Stéphanie Guex, Lesley Hill,
Jan et Marie-Anne Krugier-Poniatowski, Julien Laz, Rebecca Lewertoff,
Patrick Maffei, Nicole Minder, Anne Perrin-Khelissa, Guillaume Reymond,
Laurence Rippstein, Marlène Roth, Stefano Stoll, Alan Stone, Paul Tanner,
René Tazé, Guy Van Hoorebeke, Caroline Weinstein,
ainsi que ceux qui ont préféré garder l'anonymat.
and those who preferred to stay anonymous.

CONTENTS | SOMMAIRE

FOREWORD | AVANT-PROPOS

In a typescript which mysteriously disappeared in Saragossa, the eminent critic H. Bustos Domecq wrote about Felipe Monca. He explained how, after reading Kepler's *Harmonices Mundi*, Monca was apparently inspired to portray the celestial congruence in cross-stitch.

Which books, pictures or pipe-dreams can have led Érik Desmazières to conjure up these imaginary lands from his etchings? Which ancestral treatise?

Three high-powered investigators have been working on this sensitive question: Lauren Laz, curator of prints at the Musée Jenisch as well as curator of the exhibition, Alberto Manguel, writer and lexicographer of fictional places, and Maxime Préaud, historian of engraving and head curator at the Bibliothèque nationale de France.

My warmest thanks go to the artist for his favourable reception and for his donation to the museum collections, to all those who have loaned works and thus made a decisive contribution to this event, and to the three investigators for the runproof congruence they ensure the project.

It remains for me to express my immense gratitude to the Fondation Leenaards whose faithfull and generous support has turned the imaginary into reality.

Dominique Radrizzani

Director of the Musée Jenisch Vevey

Dans un tapuscrit mystérieusement disparu à Saragosse, l'éminent critique H. Bustos Domecq s'intéressait à Felipe Monca. S'y apprenait comment, de sa lecture de l'*Harmonices Mundi* de Kepler, Monca en serait venu à représenter la congruence céleste au point de croix.

Quelles lectures, quelles images, quels caprices de l'esprit ont pu conduire Érik Desmazières à faire surgir de l'eau-forte ses contrées imaginaires? Quel ancestral traité?

Trois enquêteurs de choc ont planché sur l'épineuse question : Lauren Laz, conservatrice des estampes au musée Jenisch et commissaire de l'exposition; Alberto Manguel, écrivain et lexicographe des lieux fictifs; Maxime Préaud, historien de l'estampe et conservateur général à la Bibliothèque nationale de France.

Ma plus vive reconnaissance s'adresse à l'artiste pour son accueil favorable, ainsi que pour sa donation qui enrichit les collections du musée. Aux prêteurs pour leur apport décisif à la présentation. Aux trois enquêteurs pour l'indémaillable congruence qu'ils assurent au projet.

J'exprime enfin ma profonde gratitude à la Fondation Leenaards qui, par son fidèle et généreux soutien, a fait d'un imaginaire une réalité.

Dominique Radrizzani

Directeur du musée Jenisch Vevey

Le « San Dominick », 1980 (détail, cat. 29)

A NEVERENDING STORY
THE TRUSTWORTHY GEOGRAPHY OF ÉRIK DESMAZIÈRES

UNE HISTOIRE QUI N'A PAS DE FIN
LA GÉOGRAPHIE VÉRIDIQUE D'ÉRIK DESMAZIÈRES

Alberto Manguel

There is a story by Julio Cortázar, in one of his last collections, that tells of a woman who stops by chance in a dusty provincial hamlet and, to kill time, enters an exhibition of paintings. They are depictions of interiors, empty rooms represented in great detail, but as she wanders through the gallery, it becomes clear to her that the images have shifted, that none of the painted scenes remains forever static. The silhouette of a man appears in one, a female profile in another, a hazy garden is seen through a distant window. Puzzled or afraid, the woman leaves the gallery and drives away. Hours later, as she approaches her home town, she finds herself suddenly facing the house in the painting. She gets out of the car, walks in, finds the depicted rooms, sits down at the table she has dreadfully recognised. Between the representations of art and those of reality there are no limits except the ones established by our uneasy conventions.

The great iconoclastic interdictions throughout history speak powerfully of these hazy borders, but this uncertainty is not restricted to the visual arts. Sometime in the eighteenth century, the Hasidic scholar Rabbi Levi Ytzhak of Berdichev was asked why each of the treatises that compose the Babylonian Talmud mysteriously lacked an initial page. "Because", the Rabbi answered, "however many pages the studious man reads, he must never forget that he has not yet reached the very first page".

Dans une nouvelle d'un de ses derniers recueils, Julio Cortázar raconte l'histoire d'une femme qui, arrêtée par hasard dans un poussiéreux petit bourg de province, visite une exposition de tableaux. Ce sont des représentations d'intérieurs, de pièces vides dépeintes très en détail mais, au fur et à mesure qu'elle erre dans la galerie, il lui devient évident que les images se sont modifiées, qu'aucune des scènes figurées ne demeure immuable. Une silhouette d'homme apparaît dans l'une, un profil féminin dans une autre, un jardin brumeux derrière une fenêtre éloignée. Intriguée, effrayée, la femme quitte la galerie et reprend la route. Quelques heures plus tard, à l'approche de la ville où elle habite, elle se trouve soudain face à la maison des tableaux. Elle descend de sa voiture, entre, découvre les pièces représentées, s'assied à la table que, non sans angoisse, elle a reconnue. Entre les figures de l'art et celles de la réalité, il n'y a d'autres limites que celles qu'imposent nos incertaines conventions.

Les grandes interdictions iconoclastes de l'histoire évoquent puissamment le flou de ces frontières, mais cette imprécision n'est pas le fait des seuls arts visuels. Dans le courant du XVIIIe siècle, un savant hassidique, le rabbin Levi Ytzhak de Berdichev, à qui l'on demandait pourquoi, à chacun des traités qui composent le Talmud babylonien, manquait mystérieusement la première page, répondit en ces termes : « Parce que, dit-il, si nombreuses que

Less cautious, less admonitory, less despairing, every reader knows that the same is true of the last page as well. A book, for its elected reader, may come to an end, but in fact there is no proper final page, since the unravelled story and the characters brought to life will continue their telling long after the volume has been closed. Lacking a first and a last page, the book no doubt exists as a material object in a certain point of time and space, but the words within, without a beginning and without an end, are everywhere and always, blending into the world we live in. The notion of the world as book and of the book as world make explicit the book's (and the world's) paradoxical quality.

This exorbitant existence of books is also shared by libraries, the imaginary places built to hold them. Imaginary, because they hold our imagination, but imaginary also because a library exists always *in potentia*, not merely as a construction of stone and wood, metal and glass, but as a possibility of knowledge which always extends beyond its own space (every library proves itself too small for its contents) and its time (no library is rooted in the present but flows constantly from our common past into our common future.)

Érik Desmazières is the faithful chronicler of these realities. His drawn rooms, ateliers, libraries, as well as the cities that hold

soient les pages qu'il a lues, le sage ne doit jamais oublier qu'il n'a pas encore atteint la toute première. » Dans un registre moins rigoureux, moins désespéré, tout lecteur sait que la même chose est vraie aussi de la dernière page. Un livre, pour son lecteur élu, peut s'achever mais en réalité il n'y a pas vraiment de dernière page puisque l'histoire arrivée à son dénouement et les personnages auxquels elle a donné vie continuent à se raconter longtemps après qu'on a refermé le volume. Sans première ni dernière page, le livre existe assurément en tant qu'objet matériel en un certain point du temps et de l'espace, mais les mots qui l'habitent, sans commencement et sans fin, sont partout et toujours, mêlés au monde dans lequel nous vivons. L'idée que le monde est un livre et qu'un livre est un monde rend explicite le caractère paradoxal du livre (et du monde).

Cette exorbitante existence des livres est aussi le fait des bibliothèques, ces lieux imaginaires bâtis pour les contenir. Imaginaires, parce qu'ils donnent asile à notre imagination, mais imaginaires aussi parce qu'une bibliothèque existe toujours *in potentia*, non seulement comme une construction de pierre et de bois, de métal et de verre, mais aussi comme une possibilité de connaissance qui s'étend toujours au-delà de son propre espace (toute bibliothèque se révèle trop petite pour son contenu) et son temps (aucune bibliothèque n'est enracinée dans le présent, toutes vont sans cesse de notre passé commun à notre avenir commun).

them, spill over into a space beyond the margins of the page and to a time outside the one implicit in their depiction. If the book is a metaphor of the world, then the labyrinth is the metaphor of the book, returning through a Möbius-band path to their inconceivable common starting-point. As in Cortázar's story, the universe depicted in Desmazières's work conjures up mirrored places in the world we call real, so that, after having seen them in black and white on paper, they redefine and recreate the ones of our everyday landscapes. Desmazières's images allow us to reclaim for our lives a modest omnipresence and a conceivable immortality which, since the invention of the first Mesopotamian tablets, we share with libraries and their books.

Books and libraries are imbued by two founding myths, known under the names of Babel and Alexandria. The first, erected to reach the forbidden heavens, rose from our ambition to conquer space, an ambition punished by the plurality of tongues that even today lays daily obstacles against our attempts at making ourselves known to one another. The second, built to assemble, from all over the world, what those tongues had tried to record, sprang from our hope to vanquish time, and ended in a fire which, according to a legend today disproved, consumed all the painfully acquired volumes. The Tower of Babel in space and the Library of Alexandria in time are the

Érik Desmazières est le chroniqueur fidèle de ces réalités. Les chambres, les ateliers, les bibliothèques qu'il dessine, de même que les villes qui les contiennent, débordent vers un espace extérieur à la page et un temps extérieur à celui qui est implicite dans leur représentation. Si le livre est une métaphore du monde, alors le labyrinthe est une métaphore du livre, revenant par un chemin en forme d'anneau de Möbius à leur inconcevable point de départ commun. Comme dans la nouvelle de Cortázar, l'univers dépeint dans l'œuvre de Desmazières évoque des lieux reflétés dans le monde que nous qualifions de réel, de telle sorte qu'après que nous les avons vus en noir et blanc sur papier, ils redéfinissent et recréent ceux de nos paysages quotidiens. Les images de Desmazières permettent d'espérer pour nos vies une modeste omniprésence et une immortalité concevable que, depuis l'invention des premières tablettes mésopotamiennes, nous partageons avec les bibliothèques et leurs livres.

Livres et bibliothèques sont marqués par deux mythes fondateurs, connus sous les noms de Babel et Alexandrie. Le premier, édifié dans le but d'atteindre aux cieux interdits, naquit de notre ambition de conquérir l'espace, ambition punie par la pluralité des langues qui, maintenant encore, oppose des obstacles quotidiens à nos tentatives de nous faire connaître les uns des autres. Le second, construit afin de rassembler, en provenance du monde entier, ce que ces langues avaient essayé de rapporter, avait surgi

twin symbols of these ambitions. They are also the key terms of Desmazières' architectural vocabulary.

The story of Babel, as told in the eleventh chapter of Genesis, tells how, after the Flood, the survivors decided to build a tower that would reach into the skies, and that God sent his angels to destroy it, so that humankind would not aspire to almighty powers. Notably, God's punishment entailed the loss of memory of the common tongue; this quality of forgetfulness, according to medieval commentators, imbued the very ruins of the place and, even today, it is said that whoever passes by the site of Babel forgets all he knows. The Tower's shape, however, has come down to us—or at least what we believe to be its shape: that of the spiral Tower of Samara by Brueghel (to which Desmazières has rendered a moving homage). We think we know what Babel, which never existed, may have looked like.

The Library of Alexandria was a learning centre set up by the Ptolemaic kings at the end of the third century B.C., around the library bequeathed by Aristotle, teacher of Alexander the Great. Its ambition was to collect all the books in the world, and in order to do this, the Ptolemaic kings sent emissaries to the monarchs of every known place on earth requesting that every kind of book by every kind of author, "poets and prose-writers,

de notre espoir de vaincre le temps et s'acheva dans un incendie qui, selon une légende aujourd'hui démentie, consuma la totalité des volumes péniblement acquis. La tour de Babel dans l'espace et la bibliothèque d'Alexandrie dans le temps sont les symboles jumeaux de ces ambitions. Ce sont aussi les clefs du vocabulaire architectural de Desmazières.

L'histoire de Babel, telle que la raconte le onzième chapitre de la Genèse, nous dit comment, après le Déluge, les survivants décidèrent de bâtir une tour qui monterait jusqu'aux cieux, et comment Dieu envoya son ange pour la détruire afin d'empêcher l'humanité de prétendre à la puissance suprême. En particulier, le châtiment divin comportait la perte du souvenir du langage commun ; cet effet d'oubli, selon les commentateurs médiévaux, imprègne jusqu'aux ruines de l'ouvrage et, aujourd'hui encore, on dit que quiconque passe par le site de Babel oublie tout ce qu'il savait. La forme de la tour, elle, nous est parvenue – ou, du moins, la forme que nous lui prêtons : celle de la tour en spirale de Samara, immortalisée par Breughel (à qui Desmazières rend un hommage émouvant). Nous croyons savoir à quoi Babel, qui n'a jamais existé, pourrait avoir ressemblé.

La bibliothèque d'Alexandrie était un centre d'érudition institué par les rois ptolémaïques à la fin du IIIe siècle avant notre ère, autour

rhetoricians and sophists, doctors and soothsayers, historians, and all others too", should be sent to Alexandria. Once completed, the colossal task would, it was calculated, amount to five hundred thousand scrolls (a modest ambition, if we consider that in 1988, the Library of Congress in Washington alone was receiving that number of items a year, from which it sparingly kept about four hundred thousand.) Of its shape, design, use, decorations, methods of storing and lending books, and rules for its users, we know nothing. Every time one of the few chroniclers of Alexandria whose texts have come down to us mentions the Library, his reaction is the same as that of Athenaeus of Naucratis: "Why need I even speak of it, since it is imperishably held in the memory of all men?" Desmazières' libraries, whether the lamented Salle Labrouste of the Bibliothèque nationale or the Universal Library of Babel dreamt by Borges, offer us sketches of that faceless, mythical Alexandrian Library, never forgotten but equally forever unremembered.

The Tower of Babel stood (while it stood) as proof of our belief in the unity of the universe. According to the story, in the growing shadow of Babel humankind inhabited a world with no linguistic borders, believing heaven to be as much within its rights as solid earth. The Library of Alexandria (on ground firmer perhaps than that of Babel) rose to prove the contrary,

de la bibliothèque léguée par Aristote, précepteur d'Alexandre le Grand. Elle avait pour ambition de rassembler tous les livres du monde et, dans ce but, les rois ptolémaïques dépêchèrent des émissaires aux souverains de tous les lieux connus dans le monde pour leur demander de faire envoyer à Alexandrie les livres de toutes sortes de toutes les sortes d'auteurs, « poètes et prosateurs, rhétoriciens et sophistes, docteurs et devins, historiens, et aussi tous les autres ». Une fois achevée, on a calculé que cette tâche colossale devait réunir cinq cent mille rouleaux (ambition modeste, si l'on considère qu'en 1988, la bibliothèque du Congrès à Washington recevait à elle seule le même nombre d'articles dont, économe, elle conservait quelque quatre cent mille). De sa forme, de sa conception, de son utilisation, de sa décoration, des méthodes de rangement et de prêt des livres et des règles imposées aux usagers, nous ne savons rien. Chaque fois que l'un des rares chroniqueurs d'Alexandrie dont les textes sont parvenus jusqu'à nous évoque la bibliothèque, sa réaction est identique à celle d'Athénée de Naucratis : « Quel besoin ai-je d'en parler, puisqu'elle est inscrite de manière impérissable dans toutes les mémoires ? » Les bibliothèques de Desmazières, de la regrettée salle Labrouste de la Bibliothèque nationale à la Bibliothèque universelle de Babel rêvée par Borges, nous offrent des esquisses de cette bibliothèque d'Alexandrie sans visage, mythique, jamais oubliée et pourtant oubliée à jamais.

that the universe was of a bewildering variety and that this variety possessed a secret order. The first reflected our intuition of a single, continuous, monolingual divinity whose words were spoken by all from earth to heaven; the second, the belief that each of the books made up of these words was its own complex cosmos, each presuming in its singularity to address the whole of creation. The Tower of Babel collapsed in the prehistory of storytelling; the Library of Alexandria rose when stories took on the shape of books, and strove to find a syntax that would lend each word, each tablet, each scroll its illuminating and necessary place. Indistinct, majestic, ever-present, the tacit architecture of that infinite Library continues to haunt our dreams of universal order. Nothing like it has ever again been achieved, though other libraries (the Web included) have tried to copy its astonishing ambition. It stands unique in the history of the world as the only place which, having set itself up to record everything, past and future, might also have foreseen and stored the chronicle of its own destruction and resurrection.

Desmazières's spaces restore to the vanished Library and to the abolished Tower the qualities these edifices strove for: eternity and infinity. The imprecisions of one and the frustrations of the other become, in Desmazières's design, aleatory, irrelevant. What takes the place of these imperfections is the absolute assurance

La tour de Babel se dressait (le temps qu'elle s'est dressée) comme une preuve de notre foi en l'unité de l'univers. L'histoire raconte que, dans l'ombre grandissante de Babel, l'humanité habitait un monde sans frontières linguistiques et considérait les cieux comme leur appartenant de droit au même titre que la terre. La bibliothèque d'Alexandrie (sur un sol plus ferme sans doute que celui de Babel) s'élevait, au contraire, comme une preuve de l'étourdissante diversité de l'univers et de l'ordre secret que possédait cette diversité. La première reflétait notre intuition d'une divinité unique, continue, monolingue, dont les mots étaient dits par tous, de la terre aux cieux; la seconde, la conviction que chacun des livres faits de ces mots constituait son propre cosmos complexe et que chacun, dans sa singularité, avait l'ambition de s'adresser à la création entière. La tour de Babel s'est effondrée à la préhistoire du récit; la bibliothèque d'Alexandrie s'est élevée lorsque les récits ont pris la forme de livres, et elle s'est efforcée de trouver une syntaxe qui prêterait à chaque mot, à chaque tablette, à chaque rouleau sa place nécessaire et éclairante. Indistincte, majestueuse et éternellement présente, l'architecture tacite de cette bibliothèque infinie continue à hanter nos rêves d'un ordre universel. Rien de comparable n'a plus jamais été réalisé, bien que d'autres bibliothèques (y compris sur la Toile) aient essayé d'imiter son étonnante ambition. Elle demeure, unique dans l'histoire du monde, la seule institution qui, s'étant donné pour

of their own existence. Babel and Alexandria taught us that our daily landscapes are sadly subject to the hesitations of time, the variance of customs, the blind brutality of history. Proudly bereft of a first page and boasting of no conclusion, Desmazières's literate geography affirms for its casual explorers a tangible, rich world of open labyrinths and secret vistas that, in spite of cautionary legends and ambitious dreams of power, rejoices unceasingly in the truth of its own invention.

but d'enregistrer toutes choses passées et à venir, a peut-être aussi prévu et enregistré la chronique de sa propre destruction et de sa résurrection.

Les espaces de Desmazières rendent à la bibliothèque disparue et à la tour abolie les qualités auxquelles tendaient ces édifices : éternité et infini. Les imprécisions de l'une et les frustrations de l'autre deviennent, sous le trait de Desmazières, aléatoires, sans objet. Ce qui remplace ces imperfections, c'est l'assurance absolue de leur existence particulière. Babel et Alexandrie nous ont appris que nos paysages quotidiens sont hélas soumis aux hésitations du temps, aux évolutions des coutumes, à l'aveugle brutalité de l'histoire. Fièrement dépourvue de première page et ne revendiquant nulle conclusion, la géographie lettrée de Desmazières manifeste pour ses explorateurs occasionnels un monde tangible et riche de labyrinthes ouverts et de perspectives secrètes qui, en dépit des légendes incitant à la prudence et des ambitieux rêves de puissance, se délecte sans fin de la vérité de ses propres inventions.

FINDING A WAY TO *TEMPTATION* | ACCÉDER À LA *TENTATION*

Maxime Préaud

All lovers of fantastic imagery are attracted by representations of what is generally, and often erroneously, called "The Temptation of St Anthony". It was indeed one of the rare iconographical themes that gave artists the opportunity of trying to represent what they supposed might resemble infernal emanations, while more or less pretending to believe them. Temptations of the flesh, riches and power had been unable to seduce Anthony, so Hell decided to take vengeance and unleashed hordes of devils on him in the hope that he would succumb to despair. This attack, as Satan's last stand, is therefore the main theme of these compositions, even if we do come across a few alluring, scantily-clad beauties from time to time. The holy hermit's tribulations set the stage for every possible demon and all sorts of deformities according to the scope of the artist's or engraver's imagination.

The theme was dealt with prolifically, almost always resulting in complex compositions with several scenes taking place simultaneously; aerial attacks, land attacks, attempted seduction and, at a time when Europe was rife with witchcraft troubles, sometimes black masses or sabbaths against an overall backdrop of hell-fire and smoke. Most of the creators were nordic. At the beginning of the seventeenth century, Jacques Callot, a native of Lorraine, tempered the northern influence with a little bit of Italy, and the demons' brutality with a great deal of humour.

Tous les amateurs d'imagerie fantastique sont attirés par les représentations de ce qu'on appelle, généralement et souvent à tort, la « Tentation de saint Antoine ». C'est en effet un des rares thèmes iconographiques qui donnaient aux artistes d'autrefois l'occasion d'essayer de figurer ce qu'ils supposaient pouvoir ressembler à des émanations infernales, en faisant plus ou moins semblant d'y croire. Les tentations de la chair, de la richesse et du pouvoir n'ayant pu séduire Antoine, l'Enfer décide de s'en venger et lâche sur lui des hordes de diables, dans l'espoir qu'il succombera à la désespérance. Cette agression, qui est comme un baroud d'honneur de Satan, est donc le sujet principal de ces compositions, même si l'on y rencontre parfois quelques affriolantes beautés dévêtues. Les « tribulations » du saint ermite sont le lieu de tous les démons possibles, l'expression de toutes les difformités, à la mesure toutefois de l'imagination du peintre ou du graveur.

Le thème a été abondamment traité, donnant presque toujours lieu à des compositions complexes, plusieurs scènes se déroulant dans le même espace-temps : l'agression aérienne, l'agression terrestre, la tentative de séduction, et, crise européenne de la sorcellerie aidant, parfois des messes noires ou des sabbats, le tout sur fond de feux et de fumées d'enfer. La plupart de leurs créateurs sont nordiques. Le Lorrain Jacques Callot, au début du XVIIe siècle, tempère le septentrion d'un peu d'Italie et la brutalité des démons de beaucoup de rigolade.

La tentation de saint Antoine, 1993 (détail, cat. 81)

At least, this was the case in the first version carried out with all the enthusiasm of youth at the dawn of a promising career. But the second version, completed shortly before the artist's death, reveals some rather more painful aspects. The two etchings, but above all the second, have been commented on and studied many times.[1]

Through an unfortunate combination of circumstances, the first version of *The Temptation of St Anthony* by Jacques Callot is all the more extraordinary as an image because it remains incomplete: the artist destroyed the plate, probably by accident, while he was trying to improve his work.[2] Apparently, only two copies are known today: one kept in The Art Museum at the University of Princeton,[3] and the second in Paris, in the Print Department of the Bibliothèque nationale de France.[4] Moreover, each of these two copies appears to be unique in its own way since the first is "plain", whereas the second is enhanced with touches of bistre wash doubtless applied with a brush by Callot himself, who was trying to shade in certain parts he felt had come out too light.

This bistre wash is a very strong argument for explaining the rarity of copies of this composition. Since Callot was planning to work on his plate again, he could not have been thinking of printing

Du moins dans la première version, réalisée avec l'enthousiasme de la jeunesse à l'aube d'une prometteuse carrière. La seconde, terminée peu avant la mort de l'artiste, présente en effet des aspects douloureux. Les deux estampes, la deuxième surtout, ont fait l'objet d'assez nombreux commentaires ou études[1].

Par un fâcheux concours de circonstances, la première version de la *Tentation de saint Antoine* de Jacques Callot est une image d'autant plus extraordinaire qu'elle demeure inachevée, l'artiste ayant, probablement par accident, détruit la plaque alors qu'il cherchait à améliorer son travail[2]. Il semble que l'on n'en connaisse aujourd'hui que deux épreuves, l'une conservée à l'université de Princeton, The Art Museum[3], la seconde à Paris, au département des Estampes de la Bibliothèque nationale de France[4]. Chacune de ces deux épreuves serait d'ailleurs unique à sa manière, puisque la première est « nature », tandis que la seconde est agrémentée de touches de lavis bistre posées au pinceau, à n'en pas douter par Callot lui-même, qui pensait à ombrer certaines parties restées trop claires pour son goût.

Ce lavis bistre est un argument très sérieux pour expliquer la rareté des épreuves de cette composition. Puisque Callot envisageait de retravailler sa planche, il ne pouvait avoir à l'idée de faire un tirage

a large number of an incomplete work nor, obviously, could he have foreseen that the second state of the plate would only go down to posterity looking disastrous. Two pieces were quickly amputated from the spoiled plate and recuperated by a friend of Callot's, Filippo Napoletano, who engraved some skeletons on them. The remaining plate was then cut in two. It survived like this until the eighteenth century enabling a few almost illegible copies to be drawn off before vanishing.[5]

Very few of Jacques Callot's contemporaries were thus able to admire this curious composition in the artist's own style, already promising but still slightly hampered by the soft varnish ground he had not yet fully mastered. However, one of them did perhaps actually lay hands on a copy. He had the apparently "pagan" name of Meitingh, but we are reassured by his Christian name which is not a complete surprise in the circumstances: Anton.

––––––––––

We know hardly anything about this Anton Meitingh. In 1989, Tilman Falk and Robert Zijlma included him in volume XXV of *Hollstein's German engravings [...]*, attributing three illustrations to him of a funeral ceremony for the grand duchess of Tuscany, Maria-Magdalena of Austria, the widow of Cosimo II, who died in 1631. They refer to the mention by Le Blanc[6] (who said

important d'un travail inachevé, ni évidemment prévoir que le second état de la planche ne la montrerait à la postérité que sous un aspect catastrophique. La plaque ruinée a été très vite amputée de deux morceaux récupérés par un ami de Callot, Filippo Napoletano, qui y a gravé des squelettes, puis elle a été coupée en deux. Elle a survécu ainsi jusqu'au XVIIIe siècle, permettant l'impression de quelques épreuves presque illisibles avant de disparaître[5].

Bien rares donc furent les contemporains de Jacques Callot qui purent jouir de la vue de cette curieuse composition dans le graphisme même de l'artiste, déjà prometteur mais encore un peu englué dans le vernis mol à l'utilisation duquel il était limité. Il en est un pourtant qui en eut peut-être une épreuve entre les mains. Il porte le nom apparemment peu chrétien de Meitingh, mais on est rassuré par son prénom, qui n'est cependant pas tout à fait une surprise en la circonstance : Anton.

––––––––––

On ne sait quasiment rien sur cet Anton Meitingh. Tilman Falk et Robert Zijlma l'intègrent en 1989 dans le tome XXV des *German engravings [...]* du Hollstein, lui attribuant trois illustrations pour une pompe funèbre de la grande-duchesse de Toscane Marie-Madeleine d'Autriche, veuve de Cosme II, morte en 1631 ; ils reprennent la mention de Le Blanc[6] (qui dit que Meitingh grave au

Meitingh engraved with a burin!) who, in turn, had referred to a very flattering appraisal by Gori Gandellini, according to whom "Antonio Meitingh" appeared to be an "aquafortist" and had etched a "superbissimo" landscape with a view of the sea full of vessels, a grove and a "fine" assembly of drunkards, dated 1627. As if he had actually seen the work (he was apparently the only one), Gori Gandellini described the inscription on the plate very precisely—a dedication to the young Giancarlo of Tuscany,[7] son of Cosimo II, born in 1611 and a future cardinal—which finished: ANTONIUS MEITINGHIUS D. D. 1627. Gori Gandellini added (I translate): "He also etched the great Temptation of St Anthony, after Callot, the original drawing of which was in Mr de Julienne's cabinet".[8] It was probably after reading the catalogue by Rémy of the Julienne sale on 30 March 1767 that Gori Gandellini made this last mistake. Indeed, this mentioned (p. 189, no. 693): "The Temptation of St Anthony, which was etched on two large sheets by Antoine Thingius". It was, in fact, one of the preparatory studies for the second version; Daniel Ternois has given all the necessary explanations in his 1962 catalogue.[9]

Writing and reading sometimes lead to confusion. Thus, we find in various sources, electronically accessible or not, the names Mei and Tinghi. There were merchants called Mei in Luca in the sixteenth century and a Tinghi[10] palace in Udine. A Filippo Tinghi

burin!) reprenant lui-même l'appréciation très élogieuse de Gori Gandellini selon lequel « Antonio Meitingh » aurait « gravé à l'eau-forte » et daté de 1627 un « superbissimo » paysage avec une vue d'une mer chargée de vaisseaux, un bosquet et une « belle » assemblée de buveurs ; Gori Gandellini décrit très précisément, d'une manière qui laisse entendre qu'il l'avait vue de ses yeux (et il semble bien être le seul dans ce cas), l'inscription que porte cette planche, soit une dédicace au jeune Jean-Charles de Toscane[7], fils de Cosme II, né en 1611 et futur cardinal, se terminant ainsi : « *Antonius Meitinghius D. D. 1627* ». Gori Gandellini ajoute (je traduis) : « Il a également gravé d'après Callot la grande Tentation de saint Antoine, dont le dessin original se trouvait dans le cabinet de M. de Julienne[8] » C'est probablement à la suite de sa lecture du catalogue par Rémy de la vente Julienne du 30 mars 1767 que Gori Gandellini commet cette dernière erreur ; on y lit en effet (p. 189, n° 693) : « La Tentation de Saint Antoine, qui a été gravée en deux grandes feuilles par Antoine Thingius ». En fait, il s'agit d'un des dessins préparatoires à la deuxième version, et Daniel Ternois donne toutes les explications nécessaires dans son catalogue de 1962[9].

L'écriture et la lecture entraînent parfois des équivoques. Ainsi rencontre-t-on, dans différentes sources, accessibles ou non électroniquement, le nom de Tinghi et celui de Mei. Il y avait des Mei marchands à Lucques au XVIe siècle, et il y avait à Udine un palais

and a Bartolomeo or Baccio Tinghi from Florence were established in Lyons, closely associated with the book trade.[11] Our Anton or Antonio certainly belonged to this family, which is therefore not as exotic as we might have thought; we shall now call him Antonio Mei Tinghi.

A drawing linked with the first version does exist all the same.[12] Known of by Pierre-Jean Mariette, who had seen it at the time in the collection of the grand duke of Tuscany, lost, then found again at the Print Cabinet in the Uffizi Gallery in Florence, it was published by Pierre Rosenberg in 1968,[13] discussed but not exhibited in Washington,[14] exhibited in Rome in 1982[15] and then included by Daniel Ternois in his Supplement on Callot's drawings.[16]

This drawing, thus attributed by Ternois to Callot, is the reverse of the etching. It shares two distinctive features with the drawing at the Petit Palais mentioned in note 12. The first is its large size: 765x940 mm (the one in the Petit Palais is 760x930 mm) whereas the etching only measures 379x492 mm, that is to say almost twice as small. The second feature is that the right leg of the large demon is stretched out and not bent as in the etching. We therefore have good reason to believe that it is a preparatory study and not a copy, even if it is by the artist himself.[17]

Tinghi[10], et à Lyon, venant de Florence, un Filippo Tinghi et un Bartolommeo ou Baccio Tinghi associés étroitement au commerce du livre[11]. Notre Anton ou Antonio appartient certainement à cette famille, qui n'est donc pas aussi exotique que l'on aurait pu penser, et nous l'appellerons dorénavant Antonio Mei Tinghi.

Il existe tout de même un dessin lié à la première version[12]. Connu de Pierre-Jean Mariette, qui l'avait vu en son temps dans la collection du grand-duc de Toscane, égaré puis retrouvé au Cabinet des estampes des Offices, il a été publié par Pierre Rosenberg en 1968[13], discuté mais non exposé à Washington[14], exposé à Rome en 1982[15] puis intégré par Daniel Ternois dans son Supplément à l'œuvre dessiné de Callot[16].

Ce dessin, que Ternois attribue donc à Callot, est en contrepartie par rapport à l'estampe. Il partage avec le dessin du Petit-Palais mentionné note 12 deux particularités; la première concerne ses grandes dimensions : 765 x 940 mm (celui du Petit-Palais faisant 760 x 930), alors que l'estampe ne mesure que 379 x 492 mm, soit près de deux fois moins; la deuxième particularité est que la jambe droite du grand démon y est étendue et non repliée comme sur l'estampe. Il y a donc bien lieu de penser qu'il s'agit d'un dessin préparatoire et non pas d'une copie, fût-elle du maître lui-même[17].

When Antonio Mei Tinghi etched his copy of the first version of *The Temptation of St Anthony* by Callot in Florence, dedicated to Ferdinand II of Tuscany[18] in 1627, he used two large plates and then assembled the copies end to end[19] to form a whole of about 765x922 (462+460) mm (these dimensions can vary slightly according to copies). We are therefore very close to the measurements of the drawing just mentioned. There is good reason to think that he used this drawing as a reference. However, in view of the fact that he did not reproduce the position of the large demon's right leg but, on the contrary, the one in the etching, he must have also actually seen a print from Callot's plate in order to make this copy.

Carried out in reverse of the original, in other words in the same direction as the drawing, it is quite roughly etched, probably using a soft varnish ground resembling Callot's, and with apparently fewer bites than the five I was able to detect in Callot's work. Nevertheless, it has a certain presence.

This was probably what struck Érik Desmazières when he first discovered a copy at print merchant Arsène Bonafous-Murat's shop in Paris in 1988. He explained how,[20] in this immense print,

Lorsque Antonio Mei Tinghi grave à Florence sa copie de la première version de la *Tentation de saint Antoine* par Callot, qu'il dédie en 1627 à Ferdinand II de Toscane[18], il l'exécute en deux grandes planches dont les épreuves seront ensuite raboutées[19], pour former un ensemble d'environ (ces dimensions peuvent varier quelque peu selon les épreuves) 765 x 922 (462 + 460) mm. On est donc tout proche des dimensions du dessin dont on vient de parler. Il y a lieu de croire qu'il a utilisé ce dessin comme référence. Mais, vu qu'il ne suit pas la position de la jambe droite du grand démon, adoptant au contraire celle qui figure sur l'estampe, il faut nécessairement qu'il ait eu aussi entre les mains une épreuve de la planche de Callot pour réaliser cette copie.

Exécutée en contrepartie par rapport à l'original, c'est-à-dire dans le même sens que le dessin, elle est assez grossièrement gravée, probablement avec un vernis mol de la même nature que celui de Callot, et avec apparemment moins de morsures que les cinq que j'ai cru pouvoir déceler dans le travail du Lorrain. Elle a cependant une présence certaine.

C'est sans doute ce qui frappa Érik Desmazières lorsqu'il en vit pour la première fois une épreuve, en 1988, chez Arsène

he had recognised "the same extraordinary theatrics and feeling of space as in Callot's compositions". He noticed however that the graphic quality was far from the same and thought to himself that he could make a copy of this copy, keeping the same measurements but improving on the drawing. Arsène Bonafous-Murat, who also occasionally publishes Desmazières's work, encouraged the enterprise and authorized him to come and trace the print. This vast programme did not alarm our printmaker in the slightest, as he is used to working with large graphic spaces, and he transferred his drawing on to a 75x93 cm copper plate (a single one because today large formats do not pose the same problems) and etched it. But the two parts of Mei Tinghi's etching are badly joined on the transferred copy, which sometimes occurs with paper shrinkage differences when drying, and his drawing was defective in the central part. This involved a great deal of scraping, burnishing and corrections.

As his work progressed, the artist's imagination roamed. The picture became "a theatre set where all sorts of scenes could be played". Might this have been what was originally intended: a carnivalesque celebration in Medici Florence with masked devils roving the streets as they used to on St Anthony's Day (January 17) "The crowd can be denser, arranged differently, even lit from

Bonafous-Murat, marchand d'estampes à Paris. Il retrouve dans cette estampe immense, selon ses propres termes [20], « l'extraordinaire théâtralité et le sentiment d'espace de la composition de Callot ». Il remarque toutefois que la qualité du graphisme est loin d'être la même, et il se dit qu'il pourrait faire une copie de cette copie en en gardant les dimensions mais en en améliorant le dessin. Arsène Bonafous-Murat qui est aussi, de temps en temps, l'éditeur de Desmazières, encourage cette entreprise en l'autorisant à venir calquer l'épreuve. Vaste programme, qui n'effraie pas notre graveur, déjà accoutumé aux grands espaces graphiques et qui reporte sur un cuivre de 75 x 93 cm (un seul, aujourd'hui les grandes dimensions ne posent pas les mêmes problèmes) son dessin et le fait mordre. Les deux parties de l'estampe de Mei Tinghi, cependant, sont mal raboutées sur l'épreuve calquée, ce qui arrive parfois avec les différences de retrait des feuilles au séchage, et son dessin se retrouve fautif dans la partie médiane. Cela entraîne grattages, polissages, corrections.

Au fur et à mesure de son travail, l'esprit de l'artiste vagabonde. L'image devient pour lui « comme un décor de théâtre dans lequel peuvent se jouer des scènes variées ». Peut-être d'ailleurs était-ce ce qu'elle voulait représenter à l'origine : le spectacle d'une fête carnavalesque dans la Florence des Médicis, avec sortie de diables masqués comme on le faisait à la Saint-Antoine (le

different angles, the background can be varied. It occurred to me", the engraver continued, "that I could produce variations on states of the incomplete plate on different-coloured paper. Thus, parallel to the elaboration of the etching itself, all sorts of versions have emerged, not only on the states but also on the final version". Several of these, printed on grey, blue or red paper, enhanced with Indian ink, watercolour and gouache, were exhibited in London at Christopher Mendez's gallery[21] and in Paris at Arsène Bonafous-Murat's[22] at the end of 1993.

While working on Mei Tinghi's copy, Desmazières referred back to a photographic enlargement of Callot's original and, relying on this black-and-white photo, applied an aquatint grain to his plate, in a way achieving what the master of Lorraine had hoped to accomplish before destroying his work. However, in order to fully appreciate the bistre colour Callot had used to produce interesting subtleties, he had to see the print itself, kept at the Réserve Précieuse of the Print and Photography Department of the Bibliothèque nationale de France.[23] At that point, he says, he had the urge to "make a second plate which would bring out this distinctive feature and would be printed in colour: and so certain etchings of the final state were printed in duotone, some with red, others with ochre", which he sometimes heightened further.[24]

17 janvier). « La foule peut être plus dense, différemment disposée, même différemment éclairée, l'arrière-plan peut être différent. L'idée me vient alors, poursuit le graveur, de faire des variantes sur des états de la planche inachevée sur des papiers de différentes couleurs. Ainsi, en parallèle à l'élaboration de la gravure elle-même, toutes sortes de versions ont vu le jour, non seulement sur les états mais aussi sur la version définitive ». Plusieurs de ces épreuves ainsi travaillées, imprimées sur papier gris, bleu ou rouge, rehaussées à l'encre de Chine, à l'aquarelle et à la gouache, sont présentées à Londres chez Christopher Mendez[21] et à Paris chez Arsène Bonafous-Murat[22] à la fin de 1993.

Tout en travaillant sur la copie de Mei Tinghi, Desmazières se reporte à un agrandissement photographique de l'original de Callot et, en se fiant à ce cliché en noir et blanc, il pose un grain d'aquatinte sur sa planche, réalisant d'une certaine façon ce que le maître lorrain avait espéré faire avant de détruire son œuvre. Mais il ne peut apprécier la couleur bistre avec laquelle Callot y avait fait naître d'intéressantes nuances qu'en venant voir l'épreuve elle-même, conservée à la Réserve précieuse du département des Estampes et de la Photographie de la Bibliothèque nationale de France[23]. C'est alors, dit-il, que l'envie lui est venue « de faire une deuxième planche qui rendrait compte de cette particularité et qui serait imprimée en couleur : ainsi certaines estampes de l'état

The result was magnificent. Obviously, Callot had a lot to do with it but, in fact, it was the three artists working together, spanning the centuries—Callot's invention, the physical presence of Mei Tinghi's double plate, and Desmazières's graphic mastery and intelligence—which rendered nobility, sharpness and delicacy to a slightly fuzzy copy, using a single plate that improved the overall presentation.

Certain of these copies, some kept by the artist and some not, are presented in Vevey at this exhibition: a final proof of the first plate; a final proof printed with both plates, the second with the yellow ochre; a proof printed on blue appliqué paper and hand-coloured; and a proof printed on grey appliqué paper and hand-coloured.

One question remains though: why did Érik Desmazières, whose work revealed enormous inventive ability from the outset, devote himself to the rather laboured exercise of copying, twenty years into his career? Was it weakness on his part, or the sheer strength of Callot's picture fortunately "dilated", as he says, by Mei Tinghi? The artist replies that on the spur of the moment, it all seemed absolutely clear to him. He had to repeat this exceptional picture, perhaps go through the difficulties experienced by his predecessors, one famous, the other not.

définitif furent-elles imprimées en deux tons, les unes avec du rouge, les autres avec de l'ocre », qu'il rehaussait parfois encore[24].

Le résultat est splendide. Évidemment, Callot n'y est pas pour rien mais, en fait, il s'agit d'une collaboration à trois par-delà les siècles : l'invention de Callot, la présence physique due à la double planche de Mei Tinghi, et l'intelligence graphique de Desmazières, qui redonne de la noblesse, de la netteté et de la finesse à une copie un peu pâteuse, de même que la planche d'un seul tenant améliore la présentation.

Certaines de ces épreuves, conservées ou non par l'artiste, sont présentées à Vevey : une épreuve définitive de la première plaque ; une épreuve définitive imprimée avec les deux plaques, la deuxième portant l'ocre jaune ; une épreuve imprimée sur papier bleu appliqué et rehaussée de couleurs ; une épreuve sur papier gris appliqué, rehaussée de lavis d'encre de Chine, d'aquarelle et de gouache.

Reste une question : pourquoi Érik Desmazières, dont le travail manifeste depuis l'origine une grande capacité d'invention, s'est-il laissé aller après vingt ans de carrière à cet exercice un peu scolaire qu'est la copie ? Est-ce faiblesse de sa part, ou bien force de cette image de Callot « dilatée », comme il le dit heureusement, par Mei Tinghi ? L'artiste répond que, sur le moment, cela lui est

But the printmaker admits this was not really the first time. (Not to mention the inevitable copies he drew "like everyone else", one might be tempted to say, in his pre-engraving youth, after drawings or prints by old masters such as Dürer or Rembrandt and even, he recalls, after one of the *Carceri* by Piranesi.) He had actually started to etch a copy after one of the four *Grotteschi* by Piranesi,[25] a subject that falls into the fantastic archaeological genre and which we can easily understand seduced Desmazières. But, after a first bite and a first copy (probably unique and which does not appear in the catalogue of his work!), he suddenly saw his own face like Narcissus in the Fountain on the shiny reverse side of the copper plate and it occurred to him to etch his self-portrait.[26] This time, though, it will be noted that, as the copper plate was only 38x29 cm, the copy was about half the size of the original.

We know that, his first attempt having failed, Callot etched a second version of *The Temptation of St Anthony* at the end of his life (completed only shortly before his death on 24 March 1635). He was very fond of this subject, which had required a great deal of work on his part. For this second version he re-used a certain number of elements from the first. But the composition had been reframed, it was smaller (311x478 mm excluding margins),

apparu comme une évidence. Il lui fallait répéter cette image exceptionnelle, repasser peut-être par les épreuves connues par ses prédécesseurs, l'un illustre, l'autre pas.

Ce n'est pas tout à fait le seul cas, avoue cependant le graveur. (Sans parler des inévitables copies dessinées que, comme tout le monde, serait-on tenté de dire, il a exécutées dans sa jeunesse « pré-gravure », d'après les dessins ou les estampes de maîtres anciens comme Dürer ou Rembrandt, et même, se souvient-il, d'après une des *Carceri* de Piranèse). Il avait en effet commencé à graver une copie d'après l'un des quatre *Grotteschi* dudit Piranèse[25], sujet qui entre dans la catégorie du fantastique archéologique et dont on comprend aisément qu'il ait séduit Desmazières. Mais, après une première morsure et une première épreuve (probablement unique et qui ne figure pas dans le catalogue de son œuvre!), tout d'un coup voyant comme Narcisse à la fontaine son propre visage dans le verso brillant du cuivre, il eut l'idée d'y graver son autoportrait en train de se graver[26]. On notera cependant que, cette fois, le cuivre ne mesurant qu'environ 38 x 29 cm, la copie était à peu près deux fois plus petite que l'original.

On sait que, sa première version de la *Tentation de saint Antoine* ayant échoué, Callot en grava une seconde, à la fin de sa vie (elle

the perspective had been modified, it involved fewer white areas and it gained in delicacy what it lost in legibility. But it was extraordinarily successful as testified by the twenty or so antique copies. These were generally quite good quality and mostly the same format, although some were fifty percent bigger,[27] as if the subject, with all its spicy details, needed more space and volume. Meanwhile, we are waiting for one of today's copyists. Érik Desmazières says it will not be him.

ne fut terminée, en effet, que peu de temps avant sa mort le 24 mars 1635). Le sujet lui était cher, il lui avait demandé beaucoup de travail. Pour cette seconde version, il avait réutilisé un certain nombre d'éléments de la première. Mais la composition avait été recadrée, elle était plus petite (311 x 478 mm au sujet), la perspective en était changée, elle comprenait moins de blanc, elle gagnait en finesse mais perdait en lisibilité. Toutefois elle connut un extraordinaire succès, dont témoignent une vingtaine de copies anciennes. Celles-ci sont en général d'assez bonne qualité, le plus souvent du même format, mais parfois une fois et demie plus grandes[27], comme si le sujet, avec tous ses croustillants détails, demandait de la place et du volume. On attend un copiste d'aujourd'hui. Érik Desmazières dit que ce ne sera pas lui.

CATALOGUE | CATALOGUE

Lauren Laz

I created an art of my own. I did it with my eyes wide open on the marvels of the world around us and, whatever might have been said, I constantly tried to keep to the laws of nature and life. I also did it out of love for the handful of art masters who guided me into the cult of beauty. (…) I believe I gave in obediently to the secret laws which showed me the way to making things as well as I could, which I threw myself into totally, guided by my dream (Odilon Redon, *Lettre à A. Bonger*[1]).

In parallel with the exhibition "Érik Desmazières. Paris à grands traits", held at the musée Carnavalet in Paris, focusing on the artist's objective depiction of the City of Light, the Cabinet cantonal des Estampes (Cantonal Print Room) at the musée Jenisch in Vevey presents the places and, in a broader context, the universes imagined by Érik Desmazières. These imaginary spaces spring up throughout his drawings and etchings and fall into seven—a symbolic, mythical and marvellous number if ever there was one—successive sections, taken up as the chapters of this catalogue: Cities, Battles, Curiosities, Comedies, Chambers of wonders, and Libraries. Each sequence ensures that counterparts are brought together and constant themes identified, without immediately taking chronology into account, as this will be dealt with subsequently.

This is only the third invitation by a museum that Érik Desmazières has accepted. Born in 1948, he has always drawn and was trained as an aquafortist by Jean Delpech at the city of Paris

J'ai fait un art selon moi. Je l'ai fait avec les yeux ouverts sur les merveilles du monde visible, et, quoi qu'on en ait pu dire, avec le souci constant d'obéir aux lois du naturel et de la vie. Je l'ai fait aussi avec l'amour de quelques maîtres qui m'ont induit au culte de la beauté. […] Je crois avoir cédé docilement aux lois secrètes qui m'ont conduit à façonner tant bien que mal, comme j'ai pu et selon mon rêve, des choses où je me suis mis tout entier (Odilon Redon, *Lettre à A. Bonger*[1]).

En écho à l'exposition « Érik Desmazières. Paris à grands traits » tenue au musée Carnavalet de Paris, retraçant son travail de représentation objective de la Ville Lumière, le Cabinet cantonal des estampes du musée Jenisch de Vevey présente les lieux, et plus largement les univers, imaginés par Érik Desmazières. Ponctuant l'ensemble de son œuvre gravé et dessiné, ces espaces imaginaires se sont laissés articuler en sept – chiffre symbolique, fabuleux et merveilleux s'il en est – volets successifs, pris comme chapitres de ce catalogue : Villes, Batailles, Explorations, Curiosités, Comédies, Chambres des merveilles et Bibliothèques. Chaque séquence veille à rassembler les pendants et à déterminer des constantes thématiques sans souci de la chronologie, qui n'intervient que dans un second temps.

C'est la troisième invitation d'un musée à laquelle répond Érik Desmazières. Né en 1948, dessinateur depuis toujours, aquafortiste formé par Jean Delpech aux cours du soir de la Ville de Paris

evening-classes he took while studying for his political science degree. He is a brilliant self-taught aquatintist, supported by printer René Tazé, and his excellent reputation as an artist is firmly established. His popularity with art-lovers, as well as with connoisseurs, long ago earned him international fame. After only ten years of etched creations, in 1981 his prints were assembled by New York art dealer Andrew Fitch in a chronological catalogue. The undertaking is still underway and its fourth volume is forthcoming in 2011. Adored, documented and published, the works of this fortunate French engraver have caught the attention of art historians. The picture book we propose endeavours to highlight intricacy as the essence of his work: he sometimes goes back to re-work a motif or a composition as much as twenty years later. Just as it was for Redon, quoted above, fantasy is not a passing fancy for Érik Desmazières but, on the contrary, a carefully thought-out transposition of assorted elements, drawn from reality and the art of the old masters, to establish a "very personal dialogue between tradition and innovation", in the words of François Wasserfallen.[2]

suivis parallèlement à ses études de sciences politiques, aquatintiste autodidacte et virtuose, épaulé par l'imprimeur René Tazé, la réputation d'excellence de l'artiste n'est plus à faire. Sa faveur dans le cœur des amateurs comme dans l'œil des connaisseurs l'a depuis longtemps déjà élevé à la reconnaissance internationale. Après une dizaine d'années de création gravée seulement, en 1981, le marchand new-yorkais Andrew Fitch se lançait dans le catalogue chronologique de ses estampes. L'entreprise est toujours en cours, la publication du quatrième tome étant prévue pour 2011. Aimé, documenté, publié, l'œuvre de cet enfant privilégié de la gravure française contemporaine retient désormais l'attention des historiens de l'art et le livre d'images que nous proposons s'attache à souligner l'intrication comme principe de son œuvre, revisitant parfois vingt ans après un motif, une composition. Car, comme pour Redon cité plus haut, la fantaisie n'est pas chez lui une foucade mais au contraire une transposition longuement réfléchie d'éléments hétéroclites puisés dans la réalité et l'art des Anciens, instaurant un « dialogue très personnel entre tradition et innovation » comme l'écrit François Wasserfallen[2].

The works exhibited here appear in a chronological list at the end of this book. They are preceded by an asterisk. Bibliographical references are given at the end of the volume.

Les œuvres exposées ici figurent dans une liste chronologique présentée à la fin de cet ouvrage. Elles sont précédées d'un astérisque. Les références bibliographiques sont développées en fin de volume.

Terrasse devant une ville, 1971 (cat. 2)

Cities | Villes

The city theme is the cornerstone of Érik Desmazières's etched work: he has played the part of a builder since his very first engravings such as *Terrasse devant une ville* or *Les remparts*, no doubt compensating for a brief, unconsummated desire to become an architect. He has never ceased to enjoy portraying cities, and the Arsenal in Metz in 1999 and the Musée Carnavalet in 2006 paid glowing tributes in their exhibitions to his constructive work.

Re-igniting his memories of the Atlas mountains, as well as his love of Jules Verne's science fiction, which gives great importance to the mineral element, his imaginary cities nestle in the hollows at the foot of breathtakingly high cliffs (*Une ville dans les falaises, Ville rocheuse*), often arid (*Ville bleue*). Drained of their populations—only *Ville souterraine* shelters a handful of Morlocks—they create an atmosphere of studied incertitude. Their buildings are refined and stylised: *Ville imaginaire [I]*, 1990, and *Ville imaginaire [II]*, 1999, are interspersed with Gothic belfries, Albertian palaces, Baroque facades and *tempietti*.

These minutely-detailed *vedute*, so smooth and neat, are not spontaneous visions but, on the contrary, a scholarly inventory of great architecture and the transposition of a tradition. From this *ex abrupto* association of rustic nature with sophisticated architecture, emanates a feeling of "disturbing quietness" diagnosed by Angelo Rinaldi, as well as a force identified by Michel Onfray, regarding work by Monsù Desiderio: "In all architecture

Le thème de la ville constitue la pierre angulaire du travail gravé d'Érik Desmazières. Dès ses toutes premières estampes, comme *Terrasse devant une ville* ou *Les remparts*, il s'offre le rôle de bâtisseur, compensant sans doute le désir bref et non consommé de se faire architecte. Représenter la ville n'a jamais cessé de le stimuler, et l'Arsenal de Metz en 1999 comme le musée Carnavalet en 2006 ont rendu des hommages appuyés à son œuvre constructif.

Prolongeant ses souvenirs de l'Atlas autant que les romans d'anticipation de Jules Verne qui privilégient l'élément minéral, ses cités imaginaires se cachent aux creux de falaises vertigineuses (*Une ville dans les falaises, Ville rocheuse*), volontiers arides (*Ville bleue*). Leur désertification – seule la *Ville souterraine* accueille quelques Morlocks – nourrit un climat d'incertitude recherché. Leurs bâtiments sont raffinés et stylisés : les *Ville imaginaire [I]* de 1990 et *Ville imaginaire [II]* de 1999 sont ainsi scandées de beffrois gothiques, de palais albertiens, de façades baroques, de *tempietti*.

Ces *vedute* minutieuses, lisses, soignées, ne sont pas des visions spontanées mais bien au contraire un inventaire érudit de la grande architecture occidentale, la transposition d'une tradition. De cette association *ex abrupto* d'une nature rustique et d'une architecture sophistiquée naît le sentiment d'« inquiétante douceur » diagnostiqué par Angelo Rinaldi, mais également l'expression d'un pouvoir qu'a identifié Michel Onfray à propos de Monsù Desiderio : « En tout architecte sommeille un démiurge animé d'une volonté de contrarier

slumbers a demiurge driven by a determination to fight nature's demands and counter the laws of physics with the sheer strength of its intelligence and culture. Constructing and building are tantamount to putting harassing obstacles in the way of nature, which is also a vector of competing obstacles".[1]

The strangeness of *Ville septentrionale* or *Place désertée*, etched during the same period, relies on another brilliantly carried-off device to which Érik Desmazières owes his reputation as a "virtuoso": their mimicry. The imaginary cities look like real ones; they are constructed with the same precision. In nature's incursion into the supernatural, in the "normal" appearance of a situation which is not, and which leads to "admitting new laws of nature by which a phenomenon can be explained", we recognise one of the moving forces of the marvellous genre—and not the fantastic genre—as defined by Tzvetan Todorov.[2]

Observed from his own or his friends' balcony, Paris has a powerful influence on the artist's inventions: prolifically drawn, the city is adapted to his sensitivity, often dramatised and, finally, skilfully extended in the famous series of *Passages parisiens – Projects d'agrandissement* of 1988-91, which some tend to forget are purely the fruit of his fantasy. Our willing, gullible eye cannot help being tricked by the "accurate" appearance of these imaginary constructions giving themselves up to the gigantic and the vertiginous.

les exigences de la nature, de contrecarrer les lois de la physique par la seule puissance de son intelligence et de sa culture. Construire, bâtir, c'est produire des formes vexatoires à l'endroit de la nature, pourvoyeuse, elle aussi, de formes en compétition[1]. »

L'étrangeté de la *Ville septentrionale* ou de la *Place désertée* des mêmes années tient dans un autre artifice, brillamment cultivé, auquel Érik Desmazières doit ses palmes de « virtuose » : leur mimétisme. Les villes imaginaires ont l'apparence de villes réelles, elles bénéficient de la même précision de facture. On reconnaîtra dans cette incursion du naturel dans le surnaturel, dans l'apparence normale d'une situation qui ne l'est pas conduisant « à admettre de nouvelles lois de la nature par lesquelles [un] phénomène peut être expliqué », l'un des ressorts du genre merveilleux – et non du genre fantastique – défini par Tzvetan Todorov[2].

Paris, observée depuis son balcon ou celui de ses amis, exerce avec puissance son ascendant sur l'invention de Desmazières : abondamment dessinée, la ville est ajustée à sa sensibilité, théâtralisée souvent, prolongée enfin, avec bonheur, comme dans la célèbre suite des *Passages parisiens – Projets d'agrandissement* de 1988-1991, dont certains oublient qu'ils sont de sa seule fantaisie. L'œil, au demeurant consentant et crédule, n'a pu que se laisser piéger par les atours corrects de ces constructions imaginaires qui sacrifient sur l'autel de la démesure et du vertigineux.

Les remparts, 1972 (cat. 3)

Une ville dans les falaises, 1977 (cat. 21)

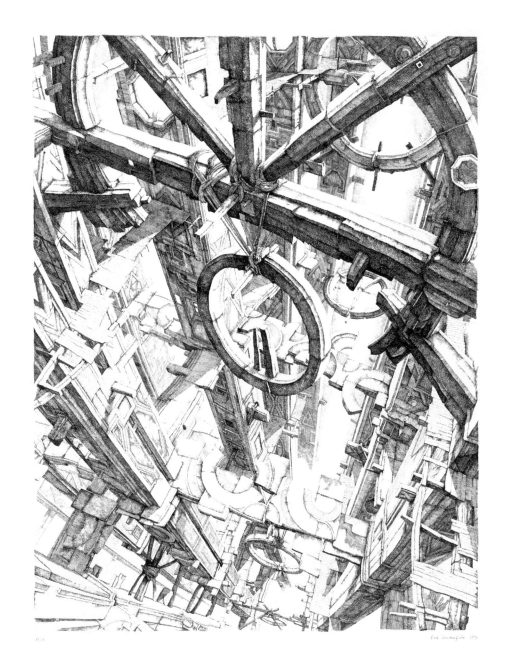

Les roues, 1974 (cat. 12)

La place désertée, 1982 (cat. 38)

Ville souterraine, 1982 (cat. 37)

Ville septentrionale, 1984 (cat. 41)

Ville bleue, 1994 (cat. 83)

Passages parisiens – Projets d'agrandissement, frontispice, 1991 (cat. 69)

Passage du Caire – Projet d'agrandissement, 1990 (cat. 70)

Ville imaginaire II, 1999 (cat. 99)

Ville imaginaire II, 1999 (cat. 100)

Ville imaginaire, 1990 (cat. 68)

Ville rocheuse, 1999 (cat. 102)

La grande bataille, 1978 (cat. 25)

Battles | Batailles

Machine volante [I] and *La grande bataille* reveal the early influence of Leonardo's engineering drawings, observed, studied and copied by the artist since childhood and transposed in the 1970s into bellicose universes. However, Desmazières does not give way easily to the portrayal of violence: *L'aviateur* (1975, not reproduced), *La mutinerie* (1980) and *Le massacre des innocents* (1987), where fury is expressed by irrepressible gestures and screaming faces, are isolated cases in his career. The illustration of Heinrich von Kleist's short story *Le tremblement de terre du Chili* opened up vast possibilities for morbid descriptions, yet he refused to take advantage of this. With *Ecroulement* (not reproduced), *Scène d'écroulement* and *L'église des Dominicains*, Desmazières is searching more for the Pirenesian-type *"capriccio of ruins"* and pays a glowing homage to the fascinating figure of Monsù Desiderio by drawing his inspiration directly from the *Explosion dans une église*, kept in Cambridge (Mass.).

Parallel to his work as a demiurge, the engraver lets himself be tempted by the destruction of reputedly indestructible buildings and succumbs to the device of the durable portrayal of the fleeting moment. In 1988, *Chaos* (reproduced on p. 124)—an unusually entropic composition that stands out among his other works—develops a delicate metaphor of the creator's paradoxical status, capable of total destruction on a whim, with a flick of the hand or a mere stroke of his burnisher.

Machine volante [I] et *La grande bataille* trahissent l'influence précoce des dessins d'ingénierie de Léonard, observés, étudiés et copiés depuis l'enfance, transposés dans les années 1970 dans des univers belliqueux. Desmazières ne cède cependant pas volontiers à la représentation de la violence : *L'aviateur* (1975, non reproduit), *La mutinerie* (1980) et *Le massacre des innocents* (1987), dont la fureur est exprimée par une gestuelle irrépressible et des faciès hurlants, sont des cas isolés dans son parcours. Illustrer la nouvelle de Heinrich von Kleist, *Le tremblement de terre du Chili*, lui offrait pourtant le champ de descriptions morbides, qu'il se refuse à exploiter. À travers les *Écroulement* (non reproduit), *Scène d'écroulement* et *L'église des Dominicains*, Desmazières recherche plutôt le modèle piranésien des caprices de ruines et rend un hommage appuyé au fascinant personnage de Monsù Desiderio en s'inspirant directement d'*Explosion dans une église* de Cambridge (MA). En parallèle à son travail de démiurge, le graveur s'autorise la destruction d'édifices réputés indestructibles et cède à l'artifice de la représentation durable d'un instant fugace. En 1988, *Chaos* (reproduit p. 124) – composition entropique singulière dans sa trajectoire – développe une délicate métaphore de ce statut paradoxal du créateur, capable, d'un revers de l'esprit, de la main ou du brunissoir, d'anéantissement. Sans doute en mémoire des petits soldats de plomb, le motif du *condottiere* lui est cher. Dénuée de toute justification littéraire, la présence de deux soldats sur le frontispice de l'ouvrage de Kleist

Remembering little tin soldiers, the artist is fond of the *condottiere* motif. Although there is no literary justification, the presence of two soldiers on the frontispiece of Kleist's work coincides with the atmosphere of the short story. *Guerrier dans une grotte*, whose composition also recalls *Ville souterraine*, and the powerful *Chef de guerre*, are echoes of earlier works such as *Prince de Thulé* and *Songe de Malatesta*. These figures in profile are in keeping with the numismatic tradition of portrayal of the chief magnified by Piero della Francesca in his portrait of *Malatesta*. Between 1992 and 1994 Desmazières etched *La tentation de saint Antoine*, copying the engraving by Jacques Callot with the aid of Mei Thingi's print.[1] The artist was initially seduced by the grandeur of the image, then by its original creator and by the fantasy of the motifs unleashed by this pandemonium. Although he uses a different technique, mixing aquatint with etching, he follows his model and frees himself by drawing off different versions of the engraving: printed in black and red, in black and ochre, or hand-coloured with gouache… Saint Anthony is relegated to a hideout under the cliffs in the background, and is obviously not as much the highlight of this composition as the temptation, the attraction and the extraordinary seduction of devilry. Although *La tentation de saint Antoine* tempers menace of its creatures with an extravagant vein, it is still the staging of a battle whose aesthetics, and possibly its morbidity, have long fascinated the artist.

coïncide avec l'atmosphère apocalyptique de la nouvelle. *Guerrier dans une grotte*, dont la composition rappelle également la *Ville souterraine*, et le puissant *Chef de guerre* font écho aux plus anciens *Prince de Thulé* et *Songe de Malatesta*. Ces figures profilées s'inscrivent dans la tradition numismatique de la représentation du chef, magnifiée par Piero della Francesca dans le portrait de *Malatesta* conservé au musée du Louvre.

Entre 1992 et 1994, Desmazières grave *La tentation de saint Antoine*, copiant l'estampe de Jacques Callot par le truchement de celle de Mei Thingi[1]. C'est d'abord la grandeur de l'image qui a attiré l'artiste, puis sans doute son compositeur originel, enfin la fantaisie des motifs monstrueux et caverneux que ce pandémonium déploie. Quoique recourant à une technique différente, mêlant l'aquatinte à l'eau-forte, Desmazières suit scrupuleusement son modèle dans une approche inféodée – rare dans sa trajectoire – dont il se libère en réalisant de nombreuses versions de l'estampe : imprimée en rouge, tirée en deux tons ou bien considérablement rehaussée à la gouache… Quatre exemples en sont ici reproduits. Le propos de cette composition n'est pas tant saint Antoine, figure reléguée sous des falaises à l'arrière-plan, mais bien la tentation, l'attractivité, l'extraordinaire séduction des diableries. Si *La tentation de saint Antoine* tempère les menaces de ses créatures en les chargeant d'une veine extravagante, elle demeure la mise en scène d'un combat dont l'esthétisme et peut-être la morbidité fascinent de longue date l'artiste.

Machine volante I, 1973 (cat. 6)

La mutinerie, 1980 (cat. 31)

Le massacre des innocents, 1987 (cat. 53)

20/20

L'église des Dominicains, 1986 (cat. 52)

Scène d'écroulement, 1986 (cat. 50)

Erik Desmazières 1975

Le prince de Thulé, 1975 (cat. 16)

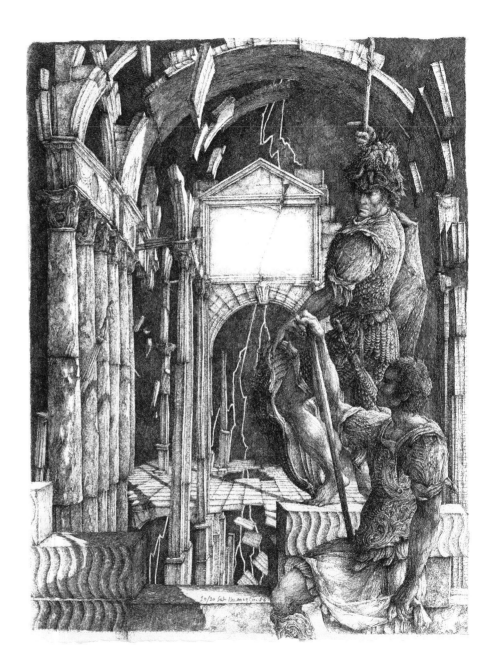

Le songe de Malatesta, 1979 (cat. 26)

Le tremblement de terre du Chili, frontispice, 1986 (cat. 48)

VII/x

Crh assma pieto 1981

Guerrier dans une grotte, 1981 (cat. 34)

Chef de guerre, 1982 et 1985 (cat. 39)

La tentation de saint Antoine, 1993 (cat. 78)

La tentation de saint Antoine, 1993 (cat. 79)

La tentation de saint Antoine, 1993-1994 et 1999 (cat. 80)

La tentation de saint Antoine, 1993 (cat. 81)

Dernier pont avant la mer, 1985 (cat. 43)

Explorations | Explorations

Érik Desmazières invites us to discover his new worlds from the sea first. *Dernier pont avant la mer* (1985) seems to echo Watteau's *L'embarquement pour Cythère* and urges dandies and fops to abandon a "city of caprice" that grew up from the erection of Roman-style monuments on a Venetian lagoon, and climb aboard refined gondolas. The light style of the engraving, the graceful movements of its characters and the flowing architectural contours all radiate the gaiety of the moment and the promise of festivities in store.

L'embarcadère, etched in 1974 and enhanced with aquatint a few years later, opened on heavy skies and a despondent mood. In *Le débarquement*, a bulky liner abandons its passengers in a hostile land. Damp weather, chilly air, ominous sky—all appear to condemn these castaways to wander endlessly through life. The anxiety of fate is also amply staged in the illustration of Herman Melville's short story *Benito Cereno* (1980): the sails are no more than sepulchral rags and the *San Dominick*'s corpse-like stern is an omen of its hostility. The melancholy atmosphere of Desmazières's work is epitomised in *Terres inconnues*, a mysterious engraving combining several of the artist's favourite themes—cliffs, cities, water, ships—in a dramatic, artificial *sfumato* inspired by nigromanierist John Martin.

At the crossroads of these two contrasting moods, *Exploration* (1984) manages to blend anxiety and arabesque in a gloomy,

C'est d'abord par la mer qu'Érik Desmazières invite à la découverte de nouveaux mondes. Écho de *L'embarquement pour Cythère* de Watteau, *Dernier pont avant la mer* de 1985 convie mirliflores et élégantes à abandonner une cité de caprice, née de l'édification de monuments d'essence romaine sur une lagune vénitienne, pour prendre place à bord de gondoles raffinées. Sa facture aérée, les gestes gracieux de ses personnages, la souplesse des lignes de l'architecture laissent percer la gaieté de l'instant et la promesse de prochaines réjouissances.

L'embarcadère, estampe gravée en 1974 et reprise à l'aquatinte quelques années plus tard, ouvrait sur des ciels plombés, des humeurs chagrines. Dans *Le débarquement*, un lourd paquebot abandonne ses passagers sur des terres hostiles. Le temps humide, l'air froid, le ciel menaçant condamnent ces hommes à l'errance. Le registre de l'inquiétude de la destinée est largement mis en scène dans l'illustration de la nouvelle de Herman Melville, *Benito Cereno* (1980) : les voiles ne sont que haillons d'outre-tombe, la proue cadavérique du *San Dominick* augure de son agressivité. L'atmosphère splénétique de l'œuvre de Desmazières trouve son acmé dans *Terres inconnues*, estampe mystérieuse qui allie plusieurs motifs chers à l'artiste – les falaises, les villes, l'eau, les bateaux – dans un *sfumato* artificiel et dramatique, débiteur du nigromaniériste John Martin.

À la croisée de ces deux tendances, *Exploration* (1984) parvient à mêler l'inquiétude et l'arabesque dans une dentelure ténébreuse

jagged outline animated by ancient grotesques, those fantastic beasts in decorations found in Roman ruins. This engraving marks the beginning of the printmaker's evolution towards the influence of rococo, with a cheerful density leaning more towards the romantic than the melancholy.

Desmazières's art has only recently recaptured the taste for travel. He was commissioned to produce a series of drawings to illustrate Olivier Rolin's novella *Une invitation au voyage*, a poetic digression on Coronelli's celestial and terrestrial globes. In high-vaulted precious collection cabinets, silhouettes from another era are carried away in contemplation of the vast spheres manipulated by agile acrobats. Some observers did not hesitate to describe these two globes as "doors to dreams and desire for their recipient [Louis XIV]",[1] emphasising their enormous evocative powers. The artist is thus renewing his reference to exploration and discovery. Calmly. Intellectually.

nourrie par les grotesques antiques, ces décorations de nature fantastique retrouvées dans les ruines romaines. L'estampe marque l'évolution de l'art du graveur vers l'influence du rococo, vers une densité enjouée, plus romanesque que mélancolique.

Ce n'est que récemment que l'art de Desmazières a repris le goût du voyage. Une série de dessins lui a été commandée pour accompagner la nouvelle d'Olivier Rolin, *Une invitation au voyage*, digression poétique sur les globes céleste et terrestre de Coronelli. Dans de hauts cabinets précieux, quelques silhouettes d'un autre temps se laissent emporter par la contemplation de ces sphères immenses, manipulées par d'agiles acrobates. Certains n'hésitent pas à faire de ces deux sphères « les portes du rêve et du désir chez celui à qui elles étaient destinées [Louis XIV][1] », à souligner leur immense pouvoir d'évasion. L'artiste renouvelle ainsi l'évocation de l'exploration, de la découverte. Posément. Intellectuellement.

L'embarcadère, 1974 et [1984] (cat. 14)

Le débarquement, 1975 (cat. 18)

Les voiles, 1980 (cat. 28)

Le «*San Dominick*», 1980 (cat. 29)

Vue imaginaire de Lima, 1980 (cat. 30)

Terres inconnues, 1981 (cat. 33)

Exploration, 1984 (cat. 42)

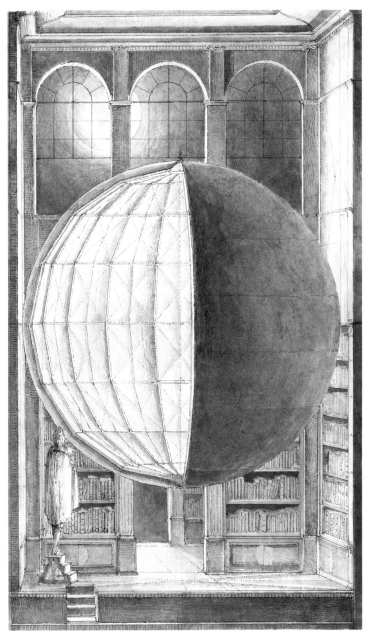

Projet pour Coronelli I, 2005 (cat. 109)   *Projet pour Coronelli II*, 2005 (cat. 110)

83/150   Erik Desmazières 1981

Casque d'apparat, 1981 (cat. 36)

Curiosities | Curiosités

The decorative character of the fantastic places, beings and objects Érik Desmazières conjures up is rarely his only trump card and, indeed, he does not owe his reputation to the ornamental nature of his work. But the seduction of some of his prints can be explained by a "wondrous" effect created by the staging of *mirabilia*, "surprising, admirable things", curiosities.

Etched in 1981, *Casque d'apparat* is a strange blend of the ostentatious refinement of Jean Lepautre with the compositional restraint of Della Francesca. Just as in *Guerrier dans une grotte* (p. 60) etched the same year, skilful use of a change in scale highlights the domination of the chief over his city, the tightened frame symbolises his determination, and the terror of the guilloches his aggressiveness, while splendour, in the title itself, is asserted as the dominant motif of the work.

"Totally imaginary", according to the artist, but might the *Profil* be a studio reconstitution of the memory of a brief encounter? The spontaneous projection of fantasised beauty? A tribute to Redon, no doubt, dark, graphic and erotic. Like the motif of the helmet, this profile is a major theme in Desmazières's work, an itinerant element regularly brought into play.

He skilfully unfurls the contours of the rococo grenadier protecting the upheavals of Josephe and Jeronimo during a calm spell. Whereas Kleist's short story places the two lovers in the solitude of a clearing, in this print they are placed in an ornamental setting worthy of Meissonnier, in front of a fine *Ignudo*.

Le caractère décoratif des lieux, des êtres, des objets nés de la fantaisie d'Érik Desmazières, est rarement le seul atout dont il joue et sa réputation ne tient pas sur la nature ornementale de son travail. La séduction de quelques estampes tient toutefois à un effet d'émerveillement né de la mise en scène de *mirabilia*, de « choses étonnantes, admirables », de curiosités.

En 1981, le *Casque d'apparat* allie étrangement le raffinement ostentatoire d'un Jean Lepautre à la sobriété compositionnelle d'un della Francesca. Tel *Guerrier dans une grotte* (reproduit p. 60) de la même année, l'artifice de la rupture d'échelle évoque la domination de ce chef sur sa cité, le cadrage resserré sa détermination, l'effroi des guillochis son agressivité, tout en plaçant, par son titre même, le faste comme motif de l'œuvre.

« Totalement imaginaire » selon l'artiste, le *Profil* est-il la reconstitution à l'atelier du souvenir d'un être croisé brièvement ? La projection spontanée d'une beauté fantasmée ? Un hommage à Redon, sans doute, ténébreux, graphique et érotique. Comme le motif du casque, il s'agit d'un fil conducteur important du travail de Desmazières, un élément itinérant, régulièrement cité.

Avec bonheur, le graveur déroule les délinéaments du grenadier rococo protégeant, le temps d'une accalmie, les malheurs de Josephe et Jeronimo. Alors que la nouvelle de Kleist place les deux amants dans la solitude d'une clairière, cette estampe les dispose sur un appareil ornemental digne de Meissonnier, devant un bel *Ignudo*.

Chronique maritime (1980) gleans a handful of pretty and/or curious motifs: a shell, a fish's head and a crab with all its impressive claws out arranged on some wooden boards. Each of these objects has an existence of its own elsewhere in Desmazières's oeuvre. But their combination here seduces the viewer with the strikingly incongruous, a device of fantasy devoid of all narrative intention. Seven years later, with *Construction fragile* and *Fantaisie végétale*, the artist recomposed the same type of charming, amusing anthology using precisely-described familiar objects, ever pushing back the limits of the possible to stun us yet again. The narrative vein joins the printmaker's unorthodox assemblages in the 'Caprices' series published in 1988. The ibis in *L'atelier de Marc-Antoine* (not reproduced) graciously adorns the title page of the portfolio before disobeying the ringmaster, just as graciously. In 1996, with *Un songe de Gaspard*, which no doubt sprang up from the artist's unconscious awareness of Aloysius Bertrand's *Gaspard de la nuit* and true awareness of Munch's *Scream*, the finely worked belfries of cities, the elegant dancer of *Caprices*, masked figures from comedies and the *Profil* in front of a stretch of water, all converge into the very hands of the engraver. This sequence functions on a "more total exploration of universal reality" according to Pierre Mabille[1] or, more precisely, on "a dislocation, … a setting of parts of the object in arbitrary, unnatural and irrational positions", according to Marcel Brion,[2] and is a rare incursion into the fantastic genre by the engraver.

Chronique maritime (1980) assemble par glanage des motifs jolis et /ou curieux : un coquillage, une tête de poisson, un crabe toutes pinces dehors sur quelques lattes de bois. Chacun d'eux connaît par ailleurs dans l'œuvre du graveur une existence autonome. Mais leur réunion offre au regardant la séduction de l'incongru, d'un artifice de fantaisie, dénué de toute intention narrative. Sept années plus tard, *Construction fragile* et *Fantaisie végétale* reprennent le même créneau de florilège enchanteur et amusant créé à partir d'objets familiers décrits avec exactitude, reculant les limites du possible afin de susciter l'étonnement. La veine narrative va trouver à se lier aux assemblages fantaisistes du graveur dans la suite des *Caprices* éditée en 1988. L'ibis de *L'atelier de Marc-Antoine* (non reproduit) apporte gracieusement la page de titre du portfolio, avant de désobéir, gracieusement encore, à Monsieur Loyal. En 1996, avec *Un songe de Gaspard*, sans doute né de la connaissance non consciente de *Gaspard de la nuit* d'Aloysius Bertrand et consciente du *Cri* de Munch, convergent entre les propres mains du graveur les beffrois ouvragés des villes, l'élégant danseur des *Caprices*, les personnages masqués de comédies, le *Profil* devant une étendue d'eau. Cette séquence fonctionne sur une «exploration plus totale de la réalité universelle » selon Pierre Mabille[1] ou plus précisément sur «une dislocation, […] un placement en des positions arbitraires, non naturelles, non rationnelles, des parties de l'objet» selon Marcel Brion[2] et correspond à une rare incursion du graveur dans le genre fantastique.

Profil, 1996 (cat. 86)

Jeronimo et Josephe sous un arbre, 1987 (cat. 51)

Chronique maritime, 1980 (cat. 32)

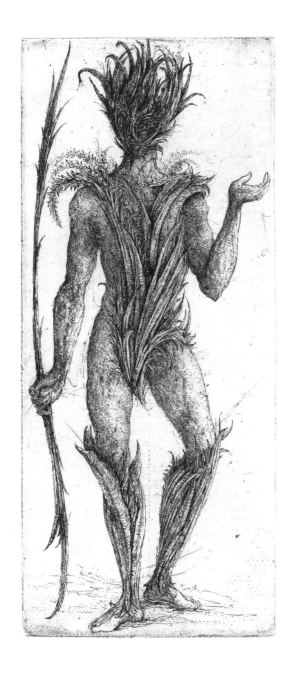

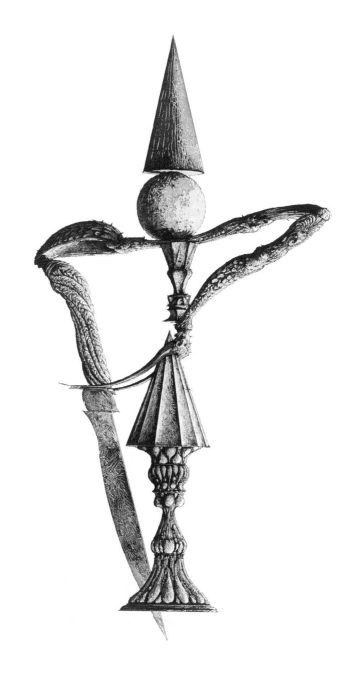

Fantaisie végétale, [1987] (cat. 55)

Construction fragile, 1987 (cat. 54)

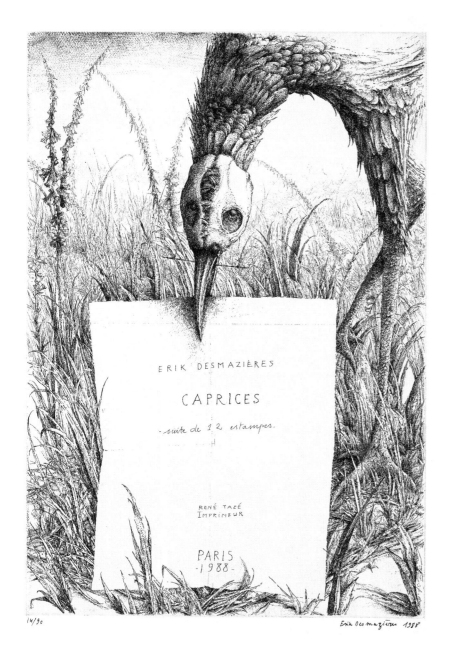

Caprices, frontispice, 1988 (cat. 56)

Un ibis désobéissant, 1988 (cat. 57)

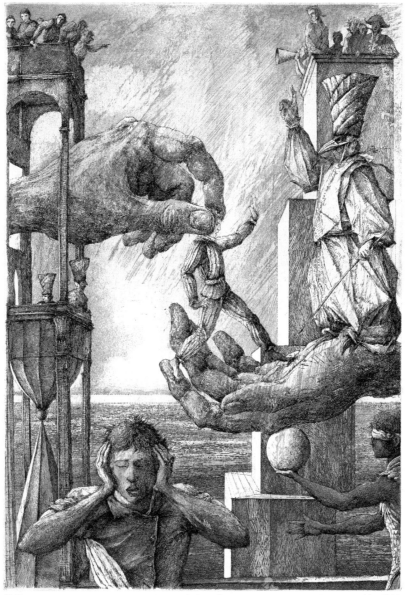

26/95   un songe de gaspard   Erik Desmazières 1996

Un songe de Gaspard, 1996 (cat. 85)

La danse du diable, 1992 (cat. 74)

Comedies | Comédies

Desmazières's fantastic characters manage to capture our shortcomings, our starchy poses and our affectations.

The charm unleashed by a callipygian devil only takes a few young people by surprise. The adults, cramped by their clothes, hats and masks, cast a glance at her acrobatics but their features stay frozen. The engraver was briefly interested in depicting these masquerades between 1992 and 1994, while he was working on *La tentation de saint Antoine*. As a counterpart to *La danse du diable*, he etched *Petite controverse sans importance* two years later. In *Des amateurs perplexes*, where open doors ensure the connection between the two preceding areas, Desmazières revels in denouncing the absurdity of a handful of dilettantes. With a complex web of geometric shapes, the artist succeeds in expressing the narrow-mindedness and stasis of these grotesque onlookers. As in Callot and Grandville's work, we can sense a certain terror underlying the obvious comic theme.

Two of his early prints had already lampooned the human comedy: *Les astronomes* and *Les architectes*, resembling articulated automatons with embarrassed poses whose melancholy seems out of place compared to the lighter tone of the 1990s creations when the engraver's art moved into a more cheerful vein. Although the "Caprices" series, published in 1988, also focuses on the staging of "puppets", its aesthetic value outclasses its

Desmazières parvient à saisir dans ses figures fantasques nos travers de contemporains, nos postures compassées, nos affectations.

Les grâces déployées par un diable callipyge ne surprennent plus guère que les jeunes gens. Les adultes, engoncés, chapeautés, masqués, jettent bien un œil à ses acrobaties mais leurs faciès demeurent impassibles. La description de telles mascarades a connu une faveur brève chez le graveur, entre 1992 et 1994, au moment où il travaille sur *La tentation de saint Antoine*. En pendant à *La danse du diable* répond deux ans plus tard la *Petite controverse sans importance*. *Des amateurs perplexes*, dont les portes ouvertes assurent le lien entre les deux espaces précédents, se délecte à dénoncer le ridicule de quelques dilettantes. Par l'imbrication complexe de formes géométriques, l'artiste parvient à signifier la fermeture d'esprit et le statisme de ces regardants grotesques. Comme chez Callot, comme chez Grandville, derrière le principe comique évident perce un certain effroi.

Deux estampes de ses débuts épinglaient déjà la comédie du monde : *Les astronomes* et *Les architectes*, semblables à des automates articulés, aux poses empruntées dont la mélancolie contraste avec le ton léger des créations des années 1990, selon l'évolution de l'art du graveur vers l'enjoué.

Si la série des *Caprices*, éditée en 1988, souscrit elle aussi à la mise en scène de fantoches, sa valeur esthétique est préférée à son

comic potential. *Pantalon* and the Strasbourgeoise in l'*Esquisse de ballet*—the only woman seen full-face in all the engravings—have a charm which is unusual in Desmazières's work, inspired both by Callot's burlesque lightness and Pietro Longhi's delicacy.

potentiel comique. *Pantalon* et la Strasbourgeoise de l'*Esquisse de ballet* – la seule figure féminine vue de face de l'ensemble de l'œuvre gravé – présentent un charme singulier dans le travail de Desmazières, tributaire à la fois de la légèreté burlesque de Callot et de la délicatesse de Pietro Longhi.

Petite controverse sans importance, 1994 (cat. 84)

Des amateurs perplexes, 1993 (cat. 76)

51/60   Erik Desmazières 1972

Les astronomes, 1972 (cat. 4)

53/60

Erik Desmazières 1973

Les architectes, 1973 (cat. 5)

14/90   Erik Desmazières 1988

Pantalon, 1988 (cat. 59)

14/80   Erik Desmazières 1985

Esquisse de ballet, 1988 (cat. 58)

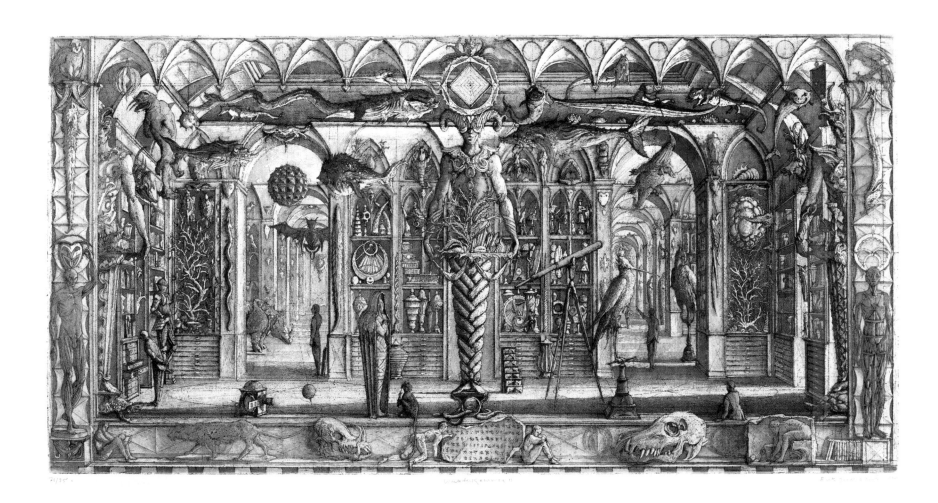

Die Wunderkammer, 1998 (cat. 88)

Chambers of wonders | Chambres des merveilles

Instead of delving into dreams, Érik Desmazières has preferred exploring Wunderkammern, chambers of wonders, as his favourite stage for every imaginable fantasy. Designing these enclosed spaces enables him to work on the distortion of perspective he is so fond of and, paying careful, sophisticated attention to order and disorder, to pile up the curiosities he has always loved observing. This was how the artist proceeded for *Le sac de Rome* and *Les calendes de janvier*, respectively etched in 1986 and 1987, which we can interpret as cities of wonders, hideaways for an odd assortment of antique fragments, of Berninesque motifs, Renaissance statues and Baroque façades, all allegories of the past arranged in Raphaelesque perspective. In 1998, the *Wunderkammer ou chambre des merveilles*, commissioned by Paul Jammes, bookseller in Paris, at last provided the hub for the printmaker's two passions: reality and the imaginary, by transposing objects observed on the motif into his own invented settings, to such an extent that this print opens the way to a new theme sequence which would appear to be on-going: the drawn reconstitution of the *Magasin de Robert Capia*, based on meticulous observation of the place, entitles Érik Desmazières to create a personal screenplay. And, although he denies it himself, the various states of the *Rembrandtkunstcaemer*, painstakingly drawn according to the

Au truchement du rêve comme espace de toutes les fantaisies, Érik Desmazières va préférer celui des Wunderkammern, des cabinets de merveilles. Concevoir ces lieux clos lui permet de travailler sur la distorsion perspective qu'il affectionne et d'y amasser, avec un souci sophistiqué de l'ordre et du désordre, les objets de curiosités dont l'observation le délectait jusqu'alors. C'est sur ce mode que fonctionnaient *Le sac de Rome* et *Les calendes de janvier*, respectivement gravés en 1986 et 1987, que l'on peut interpréter comme des villes de merveilles, recels d'une disparate de fragments antiques, de motifs berninesques, de statues Renaissance et de façades baroques, allégories composites du passé disposées selon une perspective raphaélesque.

En 1998, la *Wunderkammer ou chambre des merveilles*, commandée par la librairie Paul Jammes de Paris, permet de croiser enfin les deux pôles d'attraction du graveur : la réalité et l'imaginé, en transposant des objets observés sur le motif dans des espaces de son invention. Au point que cette estampe ouvre la voie d'une nouvelle séquence thématique qui semble vouloir se prolonger : la reconstitution dessinée du *Magasin de Robert Capia*, fondée sur l'observation méticuleuse du lieu, autorise Érik Desmazières à une scénarisation personnelle. Enfin, bien que lui-même s'en défende, les divers états de la *Rembrandts Kunstcaemer*, longuement dessinée d'après la reconstitution

reconstitution of the painter's Amsterdam house, do reveal a search for a particular effect, an adaptation to the artist's fantasy, a certain subjectivity.

de la maison amstellodamoise du peintre, trahissent bien la recherche d'un effet particulier, d'une adaptation à la fantaisie de l'artiste, d'une subjectivité.

Le magasin de Robert Capia, 2003 (cat. 108)

Rembrandts Kunstcaemer, 2007 (cat. III)

Les calendes de janvier, 1987 (cat. 46)

Le sac de Rome. 1986 (cat. 45)

Bibliothèque imaginaire, 1999 (cat. 103)

Libraries | Bibliothèques

The publication of *Wunderkammer* coincided with that of a series of eleven prints "inspired by the novella" by Jorge Luis Borges, *La bibliothèque de Babel*. The year 1997 was when Desmazières's art moved on to a new theme: libraries, bookshops or, broadly speaking, places to store the books that have played a key role[1] in his work since *Vignette* and *Cul-de-lampe* from the 1987 greetings card (not reproduced).

The "Library of Babel" suite was commissioned as an artist's book. The exercise the etcher accepted to buckle down to was a "tour de force". In fact, Borges' text is not descriptive but rather analytic: "the Library is a sphere whose exact centre is any hexagon and whose circumference is unattainable". Desmazières drew some stimulating elements from his reading, such as the regular shelves, hexagons and the mise-en-abyme which he went about developing as his imagination inspired him, not as a slavish illustration. This rule of using the text as a free source of inspiration is very much like Desmazières's approach to Melville's and Kleist's short stories, but here the process was intensified. Certain places in the Library of Babel are thus the fruit of his imagination, like an etched digression filling in the descriptive gaps: *La salle des planètes*, the *Grand hemicycle* and the *Labyrinthe* (not reproduced). The alphabet case is eloquent: although its twenty-three letters agree with the model set out by the writer, the engraver, carried away by his exegetic enthusiasm, has produced three versions.

La publication de la *Wunderkammer* coïncide avec celle de la suite de onze estampes « inspirées de la nouvelle » de Jorge Luis Borges, *La bibliothèque de Babel*. L'année 1997 marque l'ouverture de l'art de Desmazières vers une nouvelle thématique, les bibliothèques, les librairies, plus largement ces lieux où l'on range les livres, qui jouent, depuis les *Vignette* et *Cul-de-lampe* de la carte de vœux de 1987 (non reproduite) un rôle clé dans son parcours[1].

La suite de la *Bibliothèque de Babel* répond à une commande. L'exercice auquel le graveur a accepté de s'atteler est un réel tour de force de la représentation. En effet, le texte originel de Borges n'est pas de nature descriptive mais plutôt analytique : « la Bibliothèque est une sphère dont le centre véritable est un hexagone quelconque et dont la circonférence est inaccessible ». De sa lecture, Desmazières a tiré quelques éléments stimulants – les rayonnages réguliers, les hexagones, la mise en abyme – qu'il s'est chargé de développer au gré de son imaginaire et non comme une illustration servile. Ce statut du texte comme libre source d'inspiration rejoint le rapport entretenu par Desmazières avec les nouvelles de Melville ou de Kleist, mais le procédé est nettement radicalisé. Certains êtres de la *Bibliothèque de Babel* sont ainsi nés de sa seule imagination, digression gravée comblant les lacunes descriptives : *La salle des planètes*, le *Grand hémicycle*, le *Labyrinthe* (non reproduit). Le cas de l'alphabet est éloquent : si les vingt-trois lettres le composant s'accordent au canon déterminé par l'écrivain, le

This suite occupied the artist for a long time. The 1997 work published the first state. Worked on again, it circulated in a second state, in the form of a portfolio. Each also exists in several enhanced versions, sometimes up to three. A second version was made of the *Labyrinthe* in 2003 with the addition of Dürer's enigmatic polyhedron, the symbol of man's capacity to understand the world through geometry. In its own way *Bibliothèque imaginaire* in 2003 pursues the compositional research of the *La salle des planètes*.

L'entrée de la bibliothèque owes much to artistic tradition, reinterpreting Brueghel the Elder's famous *Tower of Babel* (1563), kept in Vienna, in its form as well as in its monumentality, saturating the sheet of paper and blocking every escape-route. The complexity of the building motivated his choice: *La tour de Babel*, etched in 1976, reveals the artist's pleasure as he extravagantly contorts the arcades of the Coliseum. Nor does he hesitate to make this symbol of human vanity resonate with its final end by placing a recumbent statue in the foreground towed along by a winch, an echo of the work of his friend, engraver Philippe Mohlitz. In 1981, the tower also loomed in the desolate landscape of *Déluge*. The series inspired by Borges can also be linked with Boullée's drawings for a cenotaph to Isaac Newton, particularly in *Vue en élévation* (1784) whose geometric balance probably served as Desmazières's base for the composition of *L'entrée*.

graveur, emporté par son élan exégétique, en donne trois versions. Cette suite a longuement occupé l'artiste. L'ouvrage de 1997 l'accueille dans un premier état. Très retravaillée, elle circule dans un second état, sous la forme d'un portfolio. Chaque pièce existe également en plusieurs, parfois jusqu'à trois, versions rehaussées. Le *Labyrinthe* connaît en 2003 une variante, augmentée du polyèdre de *La Mélancolie* de Dürer, symbole de la capacité de l'homme à comprendre le monde par la géométrie. En 2000, le grand dessin *Bibliothèque imaginaire* poursuit à sa façon les recherches compositionnelles de *La salle des planètes*.

L'entrée de la bibliothèque est largement redevable de la tradition artistique, réinterprétant la célèbre *Tour de Babel* de Breughel conservée à Vienne (1563), dans sa forme comme dans sa monumentalité, saturant la feuille de papier, infirmant toute échappatoire. La complexité de l'édifice motive son élection : *La tour de Babel*, gravée en 1976, témoignait du bonheur de l'artiste à contorsionner avec extravagance ces arcades de Colisée. Il n'hésite pas non plus à faire résonner ce symbole de la vanité humaine avec ses fins dernières, disposant au bas un gisant tiré par un treuil, en écho au graveur Philippe Mohlitz son ami. En 1981, la tour ponctuait également le paysage désolé du *Déluge*. La série inspirée par Borges peut encore être rattachée aux projets de Boullée pour le cénotaphe d'Isaac Newton, notamment la *Vue en élévation* de 1784 dont l'équilibre géométrique dut servir de base à la composition de *L'entrée*.

La tour de Babel, 1976 (cat. 20)

Le déluge, 1981 (cat. 35)

Tour de Babel, 1992 (cat. 73)

La tour de Babel ou l'entrée de la bibliothèque, dite *Babel aux quatre tours*, 1997 et 2002 (cat. 91)

Salle hexagonale, 1997 et 2002 (cat. 93)

La salle des planètes, 1997 et 2002 (cat. 92)

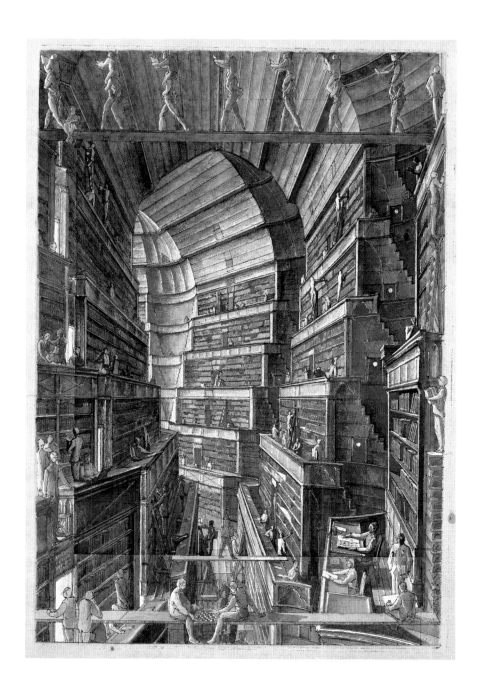

Haute galerie circulaire, 1997 et 2002 (cat. 94)

Grand hémicycle, 1997 et 2007 (cat. 95)

La bibliothèque, contre-plongée, 1997 et 2002 (cat. 96)

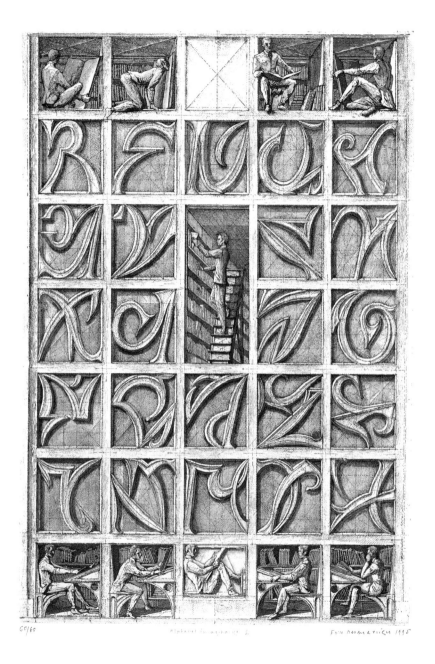

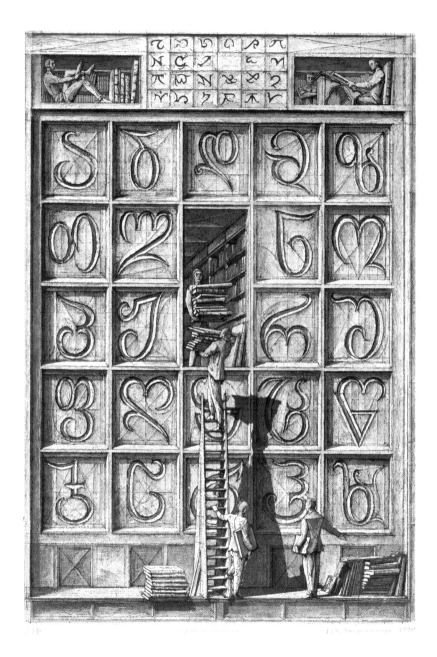

Alphabet imaginaire I, 1997 (cat. 90)   *Alphabet imaginaire II*, 1997 (cat. 97)

Labyrinthe II, 2003 (cat. 107)

Chaos, 1988 (cat. 62)

LIST OF EXHIBITED WORKS | LISTE DES ŒUVRES EXPOSÉES

The information given lists the title of the work, date of execution, technique, measurements in millimetres with height preceding width, and details on where it is kept. For prints, the measurements are those of the plate mark, followed by the state of the work where it is ascertainable, print justifications if specified, and references to Andrew Fitch's catalogue raisonné. Unless otherwise indicated, the works are described in their final state. Works reproduced in this catalogue are preceded by an asterisk.

Sont précisés le titre de l'œuvre, la date d'exécution portée dessus ou à défaut son approximation, la technique, les dimensions exprimées en millimètres, la hauteur précédant la largeur, et le lieu de conservation. Pour les estampes, sont indiqués les dimensions prises à la cuvette, l'état lorsqu'il a été possible de le déterminer, la justification de tirage si elle est spécifiée, les références au catalogue raisonné d'Andrew Fitch. Sauf indication contraire, elles sont décrites dans leur état final.
Les pièces reproduites dans ce catalogue sont précédées d'un astérisque.

1. *Écroulement*, 1971
Plume et encre de Chine sur Bristol
Pen and Indian ink on Bristol
590 x 420 mm
Croton (NY), The Fitch-Febvrel Gallery

2. **Terrasse devant une ville*, 1971
Eau-forte sur BFK Rives
Etching on BFK Rives
297 x 394 mm
Épreuve tirée d'après le cuivre rayé
Proof from the striped plate
Paris, collection de l'artiste
Non décrit par Fitch | Not described by Fitch
Reproduit | Reproduced p. 32

3. *Les remparts, 1972
Eau-forte sur Arches | Etching on Arches
495 x 645 mm
Épreuve justifiée : | Justified proof: *27/60*
Paris, collection particulière
Fitch 1
Reproduit | Reproduced p. 35

4. *Les astronomes, 1972
Eau-forte sur Arches | Etching on Arches
250 x 198 mm
Épreuve justifiée : | Justified proof: *51/60*
Paris, collection particulière
Fitch 2
Reproduit | Reproduced p. 96

5. *Les architectes, 1973
Eau-forte sur Arches | Etching on Arches
250 x 198 mm
Épreuve justifiée : | Justified proof: *1/60*
Paris, collection B. D.
Fitch 3
Reproduit | Reproduced p. 97

6. **Machine volante I*, 1973
Eau-forte sur Arches | Etching on Arches
475 x 655 mm
Épreuve justifiée : | Justified proof: *51/60*
Paris, collection B. D.

Fitch 4
Reproduit | Reproduced p. 53

7. *Machine volante II*, 1973
Eau-forte sur Arches | Etching on Arches
475 x 655 mm
Épreuve justifiée : | Justified proof: *51/60*
Paris, collection particulière
Fitch 5

8. *Paysage avec machine de guerre*, 1973
Eau-forte sur Arches | Etching on Arches
125 x 125 mm
Paris, collection B. D.
Fitch 6

9. *Temple dans la jungle*, 1973
Eau-forte sur Arches | Etching on Arches
640 x 515 mm
Épreuve justifiée : | Justified proof: *1/80*
Paris, collection B. D.
Fitch 7

10. *Le feu*, 1973
Eau-forte sur Arches | Etching on Arches
475 x 675 mm
Épreuve justifiée : | Justified proof: *77/90*
Paris, collection B. D.
Fitch 8

11. *Scène de bataille*, 1974-1977
Plume, pinceau, encre de Chine, lavis d'encre
de Chine sur Bristol | Pen, brush, Indian ink,
Indian ink wash on Bristol
500 x 650 mm
Paris, collection particulière

12. *Les roues, 1974
Eau-forte sur Richard de Bas
Etching on Richard de Bas
645 x 495 mm
Épreuve justifiée : | Justified proof: *VI/X*
Paris, collection particulière
Fitch 9
Reproduit | Reproduced p. 38

13. *Le château lacustre*, 1974
Eau-forte sur Arches | Etching on Arches
300 x 395 mm
Épreuve justifiée : | Justified proof: *55/75*
Paris, collection particulière
Fitch 10

14. **L'embarcadère*, 1974 et | and [1984]
Eau-forte et aquatinte sur Hahnemühle
Etching and aquatint on Hahnemühle
365 x 510 mm
Épreuve d'état | State proof
Vevey, musée Jenisch, Cabinet cantonal
des estampes
Fitch 11
Reproduit | Reproduced p. 69

15. *Révoltes dans la ville*, 1975
Plume, pinceau, encre de Chine et lavis
d'encre de Chine sur vergé Conqueror
Pen, brush, Indian ink and Indian ink wash
on laid Conqueror
210 x 297 mm
Paris, collection particulière

16. **Le prince de Thulé*, 1975
Eau-forte sur Arches | Etching on Arches
200 x 250 mm
Épreuve justifiée : | Justified proof: *1/80*
Paris, collection particulière
Fitch 15
Reproduit | Reproduced p. 58

17. *Écroulement*, 1975
Eau-forte sur Arches | Etching on Arches
560 x 450 mm
Épreuve justifiée : | Justified proof: *III/XV*
Paris, collection particulière
Fitch 16

18. *Le débarquement, 1975
Eau-forte sur Arches | Etching on Arches
295 x 508 mm
Épreuve justifiée : | Justified proof: *53/90*
Paris, collection particulière

Fitch 18
Reproduit | Reproduced p. 70

19. *Oiseau à la lettre*, 1976 et | and 1988
Plume, encre de Chine, lavis d'encre de Chine
et aquarelle sur Conqueror vergé vert clair
Pen, Indian ink, Indian ink wash and watercolour
on pale green laid Conqueror
207 x 147 mm
Croton (NY), The Fitch-Febvrel Gallery

20. *Tour de Babel, 1976
Eau-forte sur Arches | Etching on Arches
480 x 620 mm
Épreuve justifiée : | Justified proof: *23/90*
Paris, Arsène Bonafous-Murat S.A.R.L.
Fitch 21
Reproduit | Reproduced p. 111

21. **Une ville dans les falaises*, 1977
Eau-forte sur Arches | Etching on Arches
655 x 490 mm
Épreuve justifiée : | Justified proof: *51/90*
Paris, collection B. D.
Fitch 27
Reproduit | Reproduced p. 37

22. *Une maman apprenant à son fils à voler*, 1977
Eau-forte sur Arches | Etching on Arches
210 x 299 mm
Épreuve justifiée : | Justified proof: *1/90*
Paris, collection particulière
Fitch 28

23. *Projet de forteresse*, [1978]
Plume, encre de Chine, lavis d'encre
de Chine et gouache blanche sur
Conqueror vergé beige | Pen, Indian ink,
Indian ink wash and white gouache
on beige laid Conqueror
208 x 297 mm
Croton (NY), The Fitch-Febvrel Gallery

24. *Jardin en Italie*, 1978
Eau-forte et pointe sèche sur Arches

Etching and drypoint on Arches
210 x 297 mm
Épreuve justifiée : | Justified proof: *90/90*
Paris, collection particulière
Fitch 31

25. *La grande bataille*, 1978
Eau-forte et pointe sèche sur Arches
Etching and drypoint on Arches
505 x 706 mm
Épreuve justifiée : | Justified proof: *86/90*
Paris, collection particulière
Fitch 33
Reproduit | Reproduced p. 50

26. *Le songe de Malatesta*, 1979
Eau-forte et aquatine sur Arches
Etching and aquatint on Arches
200 x 179 mm
Paris, collection B. D.
Fitch 35
Reproduit | Reproduced p. 59

27. Herman Melville, Érik Desmazières,
Benito Cereno.
Paris, Les Bibliophiles de France, 1980,
98 p., ill.
Zurich, Graphische Sammlung der ETH

28. *Les voiles*, 1980
Eau-forte sur japon | Etching on japan
325 x 500 mm
Épreuve justifiée : | Justified proof: *XIV/XV*
Paris, collection particulière
Fitch 47
Reproduit | Reproduced p. 71

29. *Le « San Dominick »*, 1980
Eau-forte sur japon | Etching on japan
325 x 250 mm
Épreuve justifiée : | Justified proof: *XIV/XV*
Paris, collection particulière
Fitch 50
Reproduit | Reproduced p. 72 et détail p. 6

30. *Vue imaginaire de Lima*, 1980
Eau-forte sur japon | Etching on japan
108 x 160 mm
Épreuve justifiée : | Justified proof: *XIV/XV*
Paris, collection particulière
Fitch 53
Reproduit | Reproduced p. 73

31. *La mutinerie*, 1980
Eau-forte sur japon | Etching on japan
325 x 250 mm
Épreuve justifiée : | Justified proof: *XIV/XV*
Paris, collection particulière
Fitch 54
Reproduit | Reproduced p. 54

32. *Chronique maritime*, 1980
Eau-forte sur Arches | Etching on Arches
295 x 227 mm
Épreuve justifiée : | Justified proof: *77/90*
Paris, collection particulière
Fitch 60
Reproduit | Reproduced p. 86

33. *Terres inconnues*, 1981
Eau-forte sur chine appliqué sur BFK Rives
Etching on chine appliqué on BFK Rives
415 x 590 mm
Épreuve justifiée : | Justified proof: *90/90*
Paris, collection particulière
Fitch 61
Reproduit | Reproduced p. 75

34. *Guerrier dans une grotte*, 1981
Eau-forte sur chine appliqué sur BFK Rives
Etching on chine appliqué on BFK Rives
148 x 207 mm
Épreuve justifiée : | Justified proof: *X/X*
Paris, collection particulière
Fitch 62
Reproduit | Reproduced p. 60

35. *Le déluge*, 1981
Eau-forte et pointe sèche sur chine
appliqué sur BFK Rives

Etching and drypoint on chine appliqué
on BFK Rives
415 x 590 mm
Épreuve justifiée : | Justified proof: *89/90*
Paris, collection particulière
Fitch 64
Reproduit | Reproduced p. 112

36. *Casque d'apparat*, 1981
Eau-forte et pointe sèche sur Barcelone appliqué
sur BFK Rives | Etching and drypoint on Barcelona
appliqué on BFK Rives
148 x 193 mm
Épreuve justifiée : | Justified proof: *XXV/XXX*
Paris, collection particulière
Fitch 65
Reproduit | Reproduced p. 80

37. *Ville souterraine*, 1982
Eau-forte et pointe sèche sur chine appliqué
sur BFK Rives | Etching and drypoint on chine
appliqué on BFK Rives
414 x 596 mm
Épreuve justifiée : | Justified proof: *90/90*
Paris, collection particulière
Fitch 66
Reproduit | Reproduced p. 40

38. *La Place désertée*, 1982
Eau-forte et aquatine sur BFK Rives
Etching and aquatint on BFK Rives
495 x 645 mm
Épreuve justifiée : | Justified proof: *88/90*
Paris, collection particulière
Fitch 67, état définitif de Fitch 37
Reproduit | Reproduced p. 39

39. *Chef de guerre*, 1982 et | and 1985
Eau-forte et aquatinte sur vergé vert clair
appliqué sur BFK Rives | Etching and aquatint
on pale green laid appliqué on BFK Rives
198 x 247 mm
Épreuve rehaussée à l'aquarelle et à la gouache
Proof hand-coloured with watercolour and gouache
Hastings-on-Hudson (NY), collection

Robert et Lee Elliott
Fitch 70
Reproduit | Reproduced p. 61

40. *Coloquintes*, 1982
Eau-forte, pointe sèche et morsure directe
sur BFK Rives | Etching, drypoint and open bite
on BFK Rives
Épreuve du 1er état | 1er state proof
128 x 160 mm
Épreuve justifiée : | Justified proof: *5/5*
Vevey, musée Jenisch, Cabinet cantonal des
estampes, collection de l'État de Vaud
Fitch 72-I

41. *Ville septentrionale*, 1984
Eau-forte et pointe sèche sur BFK Rives
Etching and drypoint on BFK Rives
414 x 597 mm
Épreuve justifiée : | Justified proof: *89/90*
Paris, collection particulière
Fitch 77
Reproduit | Reproduced p. 41

42. *Exploration*, 1984
Eau-forte sur BFK Rives | Etching on BFK Rives
Épreuve du 3ème état légèrement rehaussée au
lavis d'encre de Chine et à la gouache
3rd state proof lightly hand-coloured with Indian
ink wash and gouache
495 x 394 mm
Épreuve justifiée : | Justified proof: *1/3*
Vevey, musée Jenisch, Cabinet cantonal des
estampes
Fitch 78
Reproduit | Reproduced p. 77

43. *Dernier pont avant la mer*, 1985
Eau-forte et pointe sèche sur Tiepolo Fabriano
Etching and drypoint on Tiepolo Fabriano
147 x 645 mm
Épreuve justifiée : | Justified proof: *4/90*
Paris, collection particulière
Fitch 79
Reproduit | Reproduced p. 66

44. *Hommage à G. de S.-A.*, 1985
Eau-forte et pointe sèche sur vergé ancien bleu vert
Etching and drypoint on blue-green antique laid
147 x 645 mm
Épreuve justifiée : | Justified proof: *2/90*
Paris, collection particulière
Fitch 80

45. *Le sac de Rome*, 1986
Eau-forte et aquatinte sur vélin brun
Etching and aquatint on brown vellum
Épreuve d'état rehaussée à l'aquarelle
et à la gouache | State proof hand-coloured
with watercolour and gouache
645 x 495 mm
Suisse, collection particulière,
courtesy Galerie Ditesheim Neuchâtel
Fitch 82
Reproduit | Reproduced p. 107

46. *Les calendes de janvier*, 1987
Eau-forte et roulette sur chine appliqué
sur BFK Rives | Etching and roulette on chine
appliqué on BFK Rives
277 x 177 mm
Épreuve justifiée : | Justified proof: *39/75*
Neuchâtel, Galerie Ditesheim
Fitch 85-II
Reproduit | Reproduced p. 106

47. Heinrich von Kleist et Érik Desmazières,
Le tremblement de terre du Chili.
Paris, Les Bibliophiles de l'automobile-club
de France, 1987, 47 p., 9 ill.
Zurich, Graphische Sammlung der ETH

48. *Le tremblement de terre du Chili,
frontispice*, 1986
Eau-forte sur BFK Rives | Etching on BFK Rives
325 x 250 mm
Épreuve justifiée : | Justified proof: *20/20*
Paris, collection particulière
Fitch 91
Reproduit | Reproduced p. 59

49. *Scène d'écroulement*, 1987
Eau-forte sur BFK Rives | Etching on BFK Rives
325 x 250 mm
Épreuve justifiée : | Justified proof: *20/20*
Paris, collection particulière
Fitch 93

50. *Scène d'écroulement*, 1986
Eau-forte sur BFK Rives | Etching on BFK Rives
325 x 500 mm
Épreuve justifiée : | Justified proof: *20/20*
Paris, collection particulière
Fitch 94
Reproduit | Reproduced p. 57

51. *Jeronimo et Josephe sous un arbre*, 1987
Eau-forte sur BFK Rives | Etching on BFK Rives
325 x 485 mm
Épreuve justifiée : | Justified proof: *20/20*
Paris, collection particulière
Fitch 95
Reproduit | Reproduced p. 85 et détail p. 28

52. *L'église des Dominicains*, 1986
Eau-forte sur BFK Rives | Etching on BFK Rives
325 x 471 mm
Épreuve justifiée : | Justified proof: *20/20*
Paris, collection particulière
Fitch 96
Reproduit | Reproduced p. 56

53. *Le massacre des innocents*, 1987
Eau-forte sur BFK Rives | Etching on BFK Rives
325 x 500 mm
Épreuve justifiée : | Justified proof: *20/20*
Paris, collection particulière
Fitch 97
Reproduit | Reproduced p. 55

54. *Construction fragile*, 1987
Eau-forte et aquatinte sur BFK Rives
Etching and aquatint on BFK Rives
322 x 164 mm
Paris, collection particulière

Fitch 100
Reproduit | Reproduced p. 87

55. *Fantaisie végétale*, [1987]
Eau-forte sur Moulin de Fleurac vergé
Etching on laid Moulin de Fleurac
158 x 69 mm
Vevey, musée Jenisch, Cabinet cantonal
des estampes, collection de l'État de Vaud
Non décrit par Fitch | Not described by Fitch
Reproduit | Reproduced p. 87

56. *Caprices, frontispice*, 1988
Eau-forte sur Moulin de Fleurac vergé
Etching on laid Moulin de Fleurac
293 x 205 mm
Épreuve justifiée : | Justified proof: *14/90*
Zurich, Graphische Sammlung der ETH
Fitch 104
Reproduit | Reproduced p. 88

57. *Un ibis désobéissant*, 1988
Eau-forte et roulette sur Moulin de Fleurac vergé
Etching and roulette on laid Moulin de Fleurac
293 x 205 mm
Épreuve justifiée : | Justified proof: *14/90*
Zurich, Graphische Sammlung der ETH
Fitch 105
Reproduit | Reproduced p. 88

58. *Esquisse de ballet*, 1988
Eau-forte sur Moulin de Fleurac vergé
Etching on laid Moulin de Fleurac
293 x 205 mm
Épreuve justifiée : | Justified proof: *14/90*
Zurich, Graphische Sammlung der ETH
Fitch 106
Reproduit | Reproduced p. 99

59. *Pantalon*, 1988
Eau-forte et roulette sur Moulin de Fleurac vergé
Etching and roulette on laid Moulin de Fleurac
293 x 205 mm
Épreuve justifiée : | Justified proof: *14/90*

Zurich, Graphische Sammlung der ETH
Fitch 108
Reproduit | Reproduced p. 98

60. *Initiation*, 1988
Eau-forte et roulette sur Moulin de Fleurac vergé
Etching and roulette on laid Moulin de Fleurac
293 x 205 mm
Épreuve justifiée : | Justified proof: *14/90*
Zurich, Graphische Sammlung der ETH
Fitch 109

61. *Leçon de natation (brasse)*, 1988
Eau-forte, aquatinte et roulette sur Moulin
de Fleurac vergé | Etching, aquatint and
roulette on laid Moulin de Fleurac
293 x 205 mm
Épreuve justifiée : | Justified proof: *14/90*
Zurich, Graphische Sammlung der ETH
Fitch 113

62. *Chaos*, 1988
Eau-forte, roulette et morsure directe sur
Tiepolo Fabriano | Etching, roulette and open
bite on Tiepolo Fabriano
496 x 645 mm
Épreuve justifiée : | Justified proof: *26/90*
Paris, Arsène Bonafous-Murat S.A.R.L.
Fitch 118
Reproduit | Reproduced p. 124

63. *Chaos*, 1988
Eau-forte, roulette et morsure directe sur
Tiepolo Fabriano | Etching, roulette and open
bite on Tiepolo Fabriano
Épreuve du 2ème état | 2nd state proof
496 x 645 mm
Paris, collection de l'artiste
Fitch 118

64. *Chaos*, 1988
Eau-forte, roulette et morsure directe sur
Tiepolo Fabriano | Etching, roulette and open
bite on Tiepolo Fabriano

Épreuve du 3ᵉᵐᵉ état | 3ʳᵈ state proof
496 x 645 mm
Paris, collection de l'artiste
Fitch 118

65. *Chaos*, 1988
Eau-forte, roulette et morsure directe sur
Tiepolo Fabriano | Etching, roulette and open
bite on Tiepolo Fabriano
Épreuve du 6ᵉᵐᵉ état | 6ᵗʰ state proof
496 x 645 mm
Paris, collection de l'artiste
Fitch 118

66. *Chaos*, 1988
Plaque de cuivre | Copperplate
Dos du | Verso of *Sac de Rome* (cat. 45)
500 x 650 mm
Paris, collection de l'artiste

67. *Le vent souffle où il veut*, 1989
Eau-forte, aquatinte et roulette (deux plaques)
sur Hahnemühle | Etching, aquatint and roulette
(two plates) on Hahnemühle
Épreuve tirée en deux tons, la première plaque
en noir et la seconde en bleu | Proof printed
in two colors, the first plate in black and the
second in blue
416 x 299 mm
Paris, collection particulière
Fitch 119

68. *Ville imaginaire*, 1990
Eau-forte, aquatinte et roulette sur Tiepolo
Fabriano | Etching, aquatint and roulette on
Tiepolo Fabriano
178 x 476 mm
Épreuve justifiée : | Justified proof: *75/75*
Paris, collection particulière
Fitch 124
Reproduit | Reproduced p. 48

69. *Passages parisiens – Projets d'agrandissement,
frontispice*, 1991

Eau-forte, aquatinte et roulette sur
Tiepolo Fabriano | Etching, aquatint
and roulette on Tiepolo Fabriano
Épreuve d'état rehaussée à l'aquarelle
et à la gouache | State proof hand-coloured
with watercolour and gouache
618 x 446 mm
Areuse, collection François Ditesheim
Fitch 126
Reproduit | Reproduced p. 44

70. *Passage du Caire – Projet d'agrandissement*,
1990
Eau-forte, aquatinte et roulette sur
Tiepolo Fabriano | Etching, aquatint
and roulette on Tiepolo Fabriano
Épreuve d'état rehaussée à l'aquarelle
et à la gouache | State proof hand-coloured
with watercolour and gouache
446 x 618 mm
Areuse, collection François Ditesheim
Fitch 132
Reproduit | Reproduced p. 45

71. *Architecture circulaire*, [1992]
Plume, aquarelle et gouache sur Fabriano
Roma gris | Pen, watercolour and gouache
on grey Fabriano Roma
672 x 489 mm
Paris, collection particulière

72. *Architecture circulaire*, [1992]
Plume, aquarelle et gouache sur Fabriano
Roma brun | Pen, watercolour and gouache
on brown Fabriano Roma
675 x 495 mm
Paris, collection particulière

73. *Tour de Babel*, 1992
Aquarelle et gouache sur Fabriano Roma rouge
Watercolour and gouache on red Fabriano Roma
[675 x 495 mm]
Localisation actuelle inconnue
Present location unkown

Non exposée | Not exhibited
Reproduit | Reproduced p. 113

74. *La danse du diable*, 1992
Eau-forte, aquatinte et roulette sur
Tiepolo Fabriano | Etching, aquatint and
roulette on Tiepolo Fabriano
345 x 269 mm
Épreuve justifiée : | Justified proof: *122/150*
Vevey, musée Jenisch, Cabinet cantonal des
estampes, collection de l'État de Vaud
Fitch 138
Reproduit | Reproduced p. 90

75. *Atelier René Tazé VI*, 1993
Eau-forte, aquatinte et roulette sur BFK Rives
Etching, aquatint and roulette on BFK Rives
655 x 1005 mm
Épreuve justifiée : | Justified proof: *8/90*
Vevey, musée Jenisch, Cabinet cantonal
des estampes, collection de l'État de Vaud
Fitch 139

76. *Des amateurs perplexes*, 1993
Eau-forte, aquatinte et roulette sur
Tiepolo Fabriano | Etching, aquatint and
roulette on Tiepolo Fabriano
415 x 595 mm
Épreuve justifiée : | Justified proof: *43/90*
Neuchâtel, Galerie Ditesheim
Fitch 140
Reproduit | Reproduced p. 95

77. Antonio Mei Tinghi, d'après Jacques Callot,
La tentation de saint Antoine, 1627
Eau-forte sur vergé | Etching on laid
750 x 934 mm
Paris, collection de l'artiste

78. *La tentation de saint Antoine*, 1993
Eau-forte, aquatinte et roulette (deux plaques)
sur BFK Rives | Etching, aquatint and roulette
(two plates) on BFK Rives
Épreuve tirée en deux tons, la première plaque

en noir et la seconde en ocre | Proof printed in
two colours, the first plate in black and the
second in ochre
745 x 920 mm
Épreuve justifiée : | Justified proof: *71/75*
Paris, collection particulière
Fitch 141-II
Reproduit | Reproduced p. 62

79. *La tentation de saint Antoine*, 1993
Eau-forte et roulette sur vergé mince gris appliqué
Etching and roulette on thin grey laid appliqué
Épreuve d'état de la première plaque, rehaussée
de lavis d'encre de Chine, d'aquarelle et de gouache
State proof of the first plate, hand-coloured with
Indian ink wash, watercolour and gouache
747 x 920 mm
Paris, collection particulière
Fitch 141
Reproduit | Reproduced p. 63

80. *La tentation de saint Antoine*, 1993-1994
et | and 1999
Eau-forte et roulette sur vergé mince bleu appliqué
Etching and roulette on thin blue laid appliqué
Épreuve d'état de la première plaque,
rehaussée de lavis d'encre de Chine, d'aquarelle
et de gouache | State proof of the first plate,
hand-coloured with Indian ink wash,
watercolour and gouache
745 x 920 mm
Paris, collection particulière
Fitch 141
Reproduit | Reproduced p. 64

81. *La tentation de saint Antoine*, 1993
Eau-forte, aquatinte et roulette sur BFK Rives
Etching, aquatint and roulette on BFK Rives
Épreuve de la première plaque seule,
imprimée en noir | Proof from the first plate
alone, printed in black
745 x 920 mm
Épreuve justifiée : | Justified proof: *27/75*
Neuchâtel, Galerie Ditesheim

Fitch 141
Reproduit | Reproduced p. 65
et détail | and detail p. 16

82. *La tentation de saint Antoine*, 1993-1994
Aquatinte et roulette sur BFK Rives
Aquatint and roulette on BFK Rives
Épreuve de la seconde plaque seule,
imprimée en ocre | Proof from the second
plate alone, printed in ochre
745 x 920 mm
Paris, collection particulière
Fitch 141

83. *Ville bleue*, 1994
Plume, pinceau, encre de Chine, lavis d'encre de
Chine, aquarelle et gouache sur Fabriano Roma
bleu | Pen, brush, Indian ink, Indian ink wash,
watercolour and gouache on blue Fabriano Roma
465 x 645 mm
Areuse, collection François Ditesheim
Reproduit | Reproduced p. 43

84. *Petite controverse sans importance*, 1994
Eau-forte, aquatinte et roulette sur vergé ancien
Etching, aquatint and roulette on antique laid
346 x 269 mm
Épreuve justifiée : | Justified proof: *80/90*
Vevey, musée Jenisch, Cabinet cantonal des
estampes, collection de l'État de Vaud
Fitch 145
Reproduit | Reproduced p. 93

85. *Un songe de Gaspard*, 1996
Eau-forte et aquatinte sur vergé ancien vert
Etching and aquatint on pale green antique laid
297 x 207 mm
Épreuve justifiée : | Justified proof: *26/75*
Neuchâtel, Galerie Ditesheim
Fitch 149
Reproduit | Reproduced p. 89

86. *Profil*, 1996
Eau-forte, roulette et morsure directe sur

vergé ancien | Etching, roulette and open bite
on antique laid
138 x 119 mm
Épreuve justifiée : | Justified proof: *29/50*
Paris, collection particulière
Fitch 151
Reproduit | Reproduced p. 83

87. Carte de vœux, 1997
Eau-forte et aquatinte sur Moulin de Fleurac
vergé | Etching and aquatint on laid Moulin
de Fleurac
210 x 101 mm
Vevey, musée Jenisch, Cabinet cantonal
des estampes, collection de l'État de Vaud
Fitch 153

88. *Die Wunderkammer*, 1998
Eau-forte et aquatinte sur coréen
Etching and aquatint on korean
269 x 537 mm
Zurich, Graphische Sammlung der ETH
Fitch 154
Reproduit | Reproduced p. 100

89. Jorge Luis Borges et Érik Desmazières,
La Biblioteca de Babel. La Bibliothèque de Babel.
Paris, Les Amis du livre contemporain, 1997,
52 p., 11 ill.
Zurich, Graphische Sammlung der ETH

90. *Alphabet imaginaire I*, 1997
Eau-forte et aquatinte sur Lana royal
Etching and aquatint on Lana royal
351 x 238 mm
Épreuve justifiée : | Justified proof: *60/60*
Paris, collection particulière
Fitch 157
Reproduit | Reproduced p. 121

91. *La tour de Babel ou l'entrée de la
bibliothèque*, dite *Babel aux quatre tours*, 1997
et | and 2002
Eau-forte et aquatinte sur Fabriano Roma gris

Etching and aquatint on grey Fabriano Roma
Épreuve d'état rehaussée à l'aquarelle
et à la gouache | State proof hand-coloured
with watercolour and gouache
365 x 601 mm
Bruges, collection particulière
Fitch 158
Reproduit | Reproduced p. 115

92. *La salle des planètes*, 1997 et | and 2001
Eau-forte et aquatinte sur Fabriano Roma gris
Etching and aquatint on grey Fabriano Roma
Épreuve d'état rehaussée à la gouache
State proof hand-coloured with gouache
305 x 491 mm
Croton (NY), The Fitch-Febvrel Gallery
Fitch 160
Reproduit | Reproduced p. 117

93. *Salle hexagonale*, 1997 et | and 2002
Eau-forte et aquatinte sur Fabriano Roma gris
Etching and aquatint on grey Fabriano Roma
Épreuve d'état rehaussée à la gouache
State proof hand-coloured with gouache
353 x 265 mm
Paris, collection particulière
Fitch 161
Reproduit | Reproduced p. 116

94. *Haute galerie circulaire*, 1997 et | and 2002
Eau-forte et aquatinte sur Fabriano Roma gris
Etching and aquatint on grey Fabriano Roma
Épreuve d'état rehaussée à la gouache
State proof hand-coloured with gouache
353 x 252 mm
Paris, collection particulière
Fitch 162
Reproduit | Reproduced p. 118

95. *Grand hémicycle*, 1997 et | and 2007
Eau-forte et aquatinte sur Fabriano Roma gris
Etching and aquatint on grey Fabriano Roma
Épreuve d'état rehaussée à la gouache
State proof hand-coloured with gouache

314 x 507 mm
Paris, collection particulière
Fitch 163
Reproduit | Reproduced p. 119

96. *La bibliothèque, contre-plongée*,
1997 et | and 2002
Eau-forte et aquatinte sur Fabriano Roma gris
Etching and aquatint on grey Fabriano Roma
Épreuve d'état rehaussée à la gouache
State proof hand-coloured with gouache
351 x 252 mm
Paris, collection particulière
Fitch 164
Non exposée | Not exhibited
Reproduit | Reproduced p. 120

97. *Alphabet imaginaire II*, 1997
Eau-forte et aquatinte sur Lana royal
Etching and aquatint on Lana royal
351 x 241 mm
Épreuve justifiée : | Justified proof: *60/60*
Paris, collection particulière
Fitch 165
Reproduit | Reproduced p. 121

98. Carte de vœux, 1999
Eau-forte et aquatinte sur Moulin de Fleurac
vergé | Etching and aquatint on laid Moulin
de Fleurac
210 x 101 mm
Vevey, musée Jenisch, Cabinet cantonal des
estampes, collection de l'État de Vaud
Fitch 169

99. *Ville imaginaire II*, 1999
Eau-forte et aquatinte sur vergé ancien
Etching and aquatint on antique laid
178 x 472 mm
Épreuve justifiée : | Justified proof: *39/75*
Paris, collection particulière
Fitch 171
Reproduit | Reproduced p. 46

100. *Ville imaginaire II*, 1999
Eau-forte sur Fabriano Roma bleu
Etching on blue Fabriano Roma
Épreuve d'état rehaussée à l'aquarelle et
à la gouache | State proof hand-coloured
with watercolour and gouache
178 x 472 mm
New York (NY), collection Lesley Hill et Alan Stone
Fitch 171
Reproduit | Reproduced p. 47

101. *Ville imaginaire II*, 1999
Eau-forte sur Fabriano Roma
Etching on Fabriano Roma
Épreuve d'état, monotypée et légèrement
rehaussée à la gouache | State proof, monotyped
and lightly hand-coloured with gouache
178 x 472 mm
Paris, collection particulière
Fitch 171

102. *Ville rocheuse*, 1999
Eau-forte, aquatinte et roulette sur vergé ancien
Etching, aquatint and roulette on antique laid
178 x 472 mm
Épreuve justifiée : | Justified proof: *9/75*
Paris, Arsène Bonafous-Murat S.A.R.L.
Fitch 172
Reproduit | Reproduced p. 49

103. *Bibliothèque imaginaire*,
dite *La salle de lecture*, 1999
Plume, aquarelle et gouache sur Fabriano
Roma gris | Pen, watercolour and gouache
on grey Fabriano Roma
500 x 650 mm
Genève, collection Jan et Marie-Anne
Krugier-Poniatowski
Reproduit | Reproduced p. 108

104. Carte de vœux, 2001
Eau-forte et aquatinte sur Moulin
de Fleurac vergé | Etching and aquatint
on laid Moulin de Fleurac
210 x 101 mm

Vevey, musée Jenisch, Cabinet cantonal des
estampes, collection de l'État de Vaud
Fitch 175

105. *Registre de boulanger*, 2002
Eau-forte et aquatinte sur vergé Moulin
de Fleurac bleu | Etching and aquatint
on blue laid Moulin de Fleurac
175 x 470 mm
Épreuve justifiée : | Justified proof: *88/90*
Vevey, musée Jenisch, Cabinet cantonal
des estampes, collection de l'État de Vaud

106. *Registre et coquillages*, 2002
Eau-forte et aquatinte sur vergé Moulin
de Fleurac bleu | Etching and aquatint
on blue laid Moulin de Fleurac
175 x 470 mm
Épreuve justifiée : | Justified proof: *84/90*
Vevey, musée Jenisch, Cabinet cantonal
des estampes, collection de l'État de Vaud

107. *Labyrinthe II*, 2003
Eau-forte et aquatinte sur Canson « Gravure »
Etching and aquatint on Canson "Gravure"
323 x 239 mm
Épreuve justifiée : | Justified proof: *40/60*
Paris, collection particulière
Reproduit | Reproduced p. 123 et détail p. 8

108. *Le magasin de Robert Capia*, 2003
Mine de plomb sur divers vélins
Black lead on several vellums
640 x 875 mm
Paris, collection particulière
Reproduit | Reproduced p. 103

109. *Projet pour Coronelli I*, 2005
Mine de plomb, encre de Chine et lavis d'encre
de Chine sur Arches | Black lead, Indian ink
and Indian ink wash on Arches
355 x 240 mm
Paris, collection particulière
Reproduit | Reproduced p. 79

110. *Projet pour Coronelli II*, 2005
Mine de plomb, encre de Chine et lavis d'encre
de Chine sur Arches | Black lead, Indian ink
and Indian ink wash on Arches
355 x 240 mm
Paris, collection particulière
Reproduit | Reproduced p. 79

111. *Rembrandts Kunstcaemer*, 2007
Eau-forte, roulette et aquatinte sur BFK Rives
« naturel » | Etching, roulette and aquatint on
BFK Rives "naturel"
417 x 564 mm
Épreuve du 6ème état /7 justifiée : | 6th state /7
justified proof: *1/2*
Paris, collection particulière
Reproduit | Reproduced p. 105

112. Carnet de croquis | Sketchbook
Paris, collection de l'artiste

113. Carnet de croquis | Sketchbook
Paris, collection de l'artiste

Érik Desmazières dans les collections du Cabinet
cantonal des estampes | Érik Desmazières in the
collections of Cantonal Print Room

L'embarcadère, 1974, Fitch 11 (cat. 14)
Coloquintes, 1982, Fitch 72-I (cat. 40)
Coloquintes dans un pot, 1983, Fitch 75
Exploration, 1984, Fitch 78 (cat. 42)
Les calendes de janvier, 1987, Fitch 85-I
Fantaisie végétale, [1987], Fitch non décrit (cat. 55)
Terme au lapin, 1987, Fitch 86
Vignette, 1987, Fitch 89
Masque grotesque, 1987, Fitch 88
Cartouche, 1987, Fitch 102
Potager de Besanceuil, 1988, Fitch 117
[*Toits de Paris*], carte de vœux et de changement
d'adresse, 1990, Fitch 122-I
Atelier René Tazé IV, 1992, Fitch 136
Atelier René Tazé V, 1992-1993, Fitch 137
La danse du diable, 1992, Fitch 138 (cat. 74)
Atelier René Tazé VI, 1993, Fitch 139 (cat. 75)
Petite controverse sans importance, 1994,
Fitch 145 (cat. 84)
Paris, vent d'ouest, 1995, Fitch 146-I
Carte de vœux, 1996, Fitch 147
Carte de vœux, 1997, Fitch 153 (cat. 87)
Les coloquintes, 1997, Fitch 155
Les coloquintes, 1997, Fitch 155, deux épreuves
d'essai
Carte de vœux, 1999, Fitch 169 (cat. 98)
Carte de vœux, 2001, Fitch 175 (cat. 104)
Registre de boulanger, 2002 (cat. 105)
Registre et coquillages, 2002 (cat. 106)
Square d'Orléans, Paris, 2005
Petit panorama parisien, 2007
Théâtre de géographie, 2007

NOTES

FINDING A WAY TO TEMPTATION [p. 17]

1. The most recent work is by Michel Picard; in our opinion, it leans rather too much on psychoanalysis and esotericism and mainly refers to the second version: *La Tentation. Essai sur l'art comme jeu*, Nîmes, Jacqueline Chambon, 2002. It has the merit of listing a useful bibliography on the subject.

2. See Diane H. Russell, *Jacques Callot. Prints and Related Drawings*, Washington, D.C., National Gallery of Art, 1975, pp. 160, 169 note 26, and M. Préaud, "Saint Antoine, morsures et remorsures", in Paulette Choné (under dir. of), *Jacques Callot, 1592-1635*, Nancy, musée lorrain, 1992, pp. 415-20, and explanatory notes pp. 421-22, 424-26.

3. D. H. Russell, *ibid.*, p. 172, no. 129.

4. P. Choné, *op. cit.*, pp. 421-423, no. 529. I have had confirmation that there are none in Florence, not at the Uffizi Gallery in any case (thanks to Marzia Faietti and Lucia Monaci Moran).

5. *Ibid.*, pp. 423-24, nos. 530-31. There are proofs of this state in Nancy, London, Rome, Washington.

6. Charles Le Blanc, *Manuel de l'amateur d'estampes*, t. II, 1856, p. 640.

7. And not, as mentioned by the authors of the explanatory note in the Hollstein, "Ferdinand II, Grandduke of Tuscany".

8. Giovanni Gori Gandellini, *Notizie istoriche degl'intagliatori*, Siena, 1771, 12mo, vol. II, pp. 277-78. Other authors who spoke of Meitingh in the past (Fuessli, *Allgemeines Künstlerlexikon*, Zurich, 1779, 2 vol. folio., see vol. I, p. 419, and Nagler, *Neues allgemeines Künstler-Lexikon*, Munich, 1835-52, 16 vol. 8vo, see vol. IX, p. 52) simply copied Gori Gandellini's account erroneously.

9. Daniel Ternois, *Jacques Callot: catalogue complet de son oeuvre dessiné*, Paris, F. de Nobele, 1962, 614 p., see pp. 133-35.

10. Charles E. Cohen, "Pordenone's painted façades on the palazzo Tinghi in Udine", *The Burlington Magazine* (August 1974), pp. 445-57. Thanks to Vanessa Selbach, who passed on her data on the Tinghis and the Meis.

11. *Grande Dizionario enciclopedico UTET*, vol. XX (1994); William Pettas, *The Giunti and the Book Trade in Lyons*, Florence, Olschki, 1997. Henri Baudrier, in his *Bibliographie lyonnaise. Sixième série : recherches sur les imprimeurs, libraires, relieurs et fondeurs de lettres de Lyon au XVIe siècle [...] publ. et continuées par Julien Baudrier*, Paris, 1964, in addition to the fact that he met Baccio and, above all, Filippo Tinghi several times, even mentions a certain "Antonio Mei, Florentin", witness to the signature of the will of Lyons bookseller Jean-Baptiste Regnauld (the Giunti's partner) on April 2, 1594, in Lyons.

12. Ternois, *op. cit.*, p. 45, no. 16, described one, in reverse of the etching, in pen and ink, with bistre wash and gold brushwork highlights, kept at the Petit Palais in Paris, measuring 760 x 930 mm; he attributed it at the time to Callot but, in his explanatory notes in the catalogue *Claude Gellée e i pittori lorenesi in Italia nel XVII secolo. Claude Gellée et les peintres lorrains en Italie au XVIIe siècle*, Rome and Nancy, 1982, see no. 18, pp. 152-54, then in his 1999 supplement *Jacques Callot Catalogue de son oeuvre dessiné. Supplément (1962-1998)*, he was obliged to change his mind following the discovery on the reverse of the sheet, after restoration, of the signature of a copyist, Ascanio della Penna, accompanied by the date 1629.

13. Pierre Rosenberg, *Mostra di disegni francesi da Callot a Ingres*, Florence, Uffizi, 1968, no. 7.

14. Diane Russell, who (*op. cit.*, p. 172, no. 128) refers in this connection to Meitingh as "M. Tinghi, the court diarist", probably confusing him with Cesare Tinghi whose chronicle apparently recorded the festivities at the Medici court in the seventeenth century.

15. *Claude Gellée e i pittori lorenesi in Italia, op. cit.*, see nos. 17, 18, pp. 152-54.

16. See note 12 above.

17. It will be noted that, even while we are writing these lines, a painting has appeared on the art market (Hampel-Auctions, Munich, see *Gazette de l'Hôtel Drouot*, on March 16, 2007, p. 28) in oil a painting in oil on canvas, attributed to Faustino Bocchi (Brescia 1659-1741), measuring 77 x 94 cm, which uses exactly this drawing, including the rigid leg of the big demon.

18. Edouard Meaume, *Recherches sur la vie et les ouvrages de Jacques Callot [...]*, Paris, 1860, 2 vol. 8vo, see vol. II, p. 619, indicates two states: the first has the mention "Con priuilegio", while the second has "Superiorum permissu" instead. In both cases, the name "Iacomo Callot" appears as the inventor, whereas there is no name at all on Callot's version.

19. Until some time in the eighteenth century, it was apparently impossible to print line-engravings measuring more than approximately 60 centimetres in length, but it is not known whether this limitation was caused by the press, the copper or the paper.

20. The artist told the story in a typed memo addressed to the author when the latter was preparing an exhibition for the Musée lorrain in Nancy entitled "*Jacques Callot multiplié. La Tentation de saint Antoine, originaux, copies et variations*" (17 January - 21 April, 2002); see the catalogue in *Le Pays Lorrain*, vol. 83, 1 (2002), pp. 7-20.

21. *Érik Desmazières. Etchings and aquatints.* 9 November–4 December 1993. Moreover, it was when he bought a *Temptation* [aggression] *of Saint Anthony* mezzotint etching by Abraham Blooteling (1640-90), after Camillo Procaccini (Hollstein, *Dutch...*, 219), that the artist had met the dealer a few years earlier. And he ultimately purchased the fine print of Mei Tinghi's copy from Christopher Mendez which appeared in the catalogue of the exhibition-sale that the dealer devoted to Jacques Callot in November-December 1992, no. 50 (2nd state, date erroneously read as 1637 instead of 1627).

22. *Érik Desmazières. Gravures recentes*, s.d. [1993]

23. Under ref.: RES-Ed-130.

24. Andrew Fitch, *Erik Desmazières. Etchings 1991-2001.* Preface by Maxime Préaud. New York: Fitch-Febvrel Gallery, 2001, see no. 141. 50 prints were drawn off the first plate alone to which 25 copies were added of the two plates printed together.

25. Andrew Robison, *Piranesi early Architectural Fantasies. A Catalogue Raisonné of the Etchings*, Washington, National Gallery of Art. Chicago-London: The University of Chicago Press, 1986, nos. 21-24.

26. Andrew Fitch, *Érik Desmazières. Etchings 1972-1981.* Preface by Lucien Goldschmidt. New York: Fitch-Febvrel Gallery, [1982], no. 20. Moreover, he was to use this idea again later in 1988 on the reverse side of another plate, with *Chaos* (Fitch, no. 118).

27. M. Préaud, *Jacques Callot multiplié*, 2002.

CATALOGUE [p. 29]

1. Redon, *A soi-même. Journal. 1867-1915*, Paris, José Corti, 2000, p. 9.

2. F. Wasserfallen in *Érik Desmazières. Œuvres 2000-2006. Dessins et gravures*, Neuchâtel, Galerie Ditesheim, 2006, p. 3.

CITIES [p. 33]

1. M. Onfray, *Métaphysique des ruines. La peinture de Monsù Desiderio*, Bordeaux, Mollat, 1995, p. 35.

2. T. Todorov, *Introduction à la littérature fantastique*, Paris, Seuil, 1992, p. 46.

BATTLES [p. 51]

1. See article by M. Préaud "Finding a way to *Temptation*".

EXPLORATIONS [p. 67]

1. J.-N. Jeanneney in O. Rolin, E. Desmazières, *Une invitation au voyage*, Paris, Bibliothèque nationale de France, 2006, p. 6.

CURIOSITIES [p. 81]

1. Mabille, *Le miroir du merveilleux*, p. 24, quoted by T. Todorov, *Introduction à la littérature fantastique*, Paris, Seuil, 1992, p. 62.

2. Brion, *L'art fantastique*, Paris, Albin Michel, 1989, p. 47.

LIBRARIES [p. 109]

1. E. de Heer, B. van den Boogert in *Érik Desmazières*, Amsterdam, Hercules Segers, 2004, p. 12.

NOTES

ACCEDER A LA *TENTATION* [p. 17]

1. La dernière en date, qui tire selon nous un peu trop vers la psychanalyse et vers l'ésotérisme, et parle surtout de la deuxième version, est celle de Michel Picard : *La Tentation. Essai sur l'art comme jeu*, Nîmes, Jacqueline Chambon, 2002. Elle a le mérite de répertorier la bibliographie utile au sujet.

2. Voir Diane H. Russell, *Jacques Callot. Prints and related drawings*, Washington, National Gallery of Art, 1975, p. 160 et 169 note 26 ; et Maxime Préaud, « Saint Antoine, morsures et remorsures », dans Paulette Choné (dir.), *Jacques Callot, 1592-1635*, Nancy, musée lorrain, 1992, p. 415-420, et notices p. 421-422 et 424-426.

3. D. H. Russell, *ibid.*, p. 172, n° 129.

4. P. Choné, *op. cit.*, p. 421-423, n° 529. J'ai eu confirmation qu'il n'y en avait pas à Florence, en tout cas aux Offices (merci à Marzia Faietti et à Lucia Monaci Moran).

5. *Ibid.*, p. 423-424, n° 530-531. Il y a des épreuves de cet état à Nancy, Londres, Rome, Washington.

6. Charles Le Blanc, *Manuel de l'amateur d'estampes*, t. II, 1856, p. 640.

7. Et non pas, comme l'écrivent les auteurs de la notice du Hollstein, « Ferdinand II, Grandduke of Tuscany ».

8. Giovanni Gori Gandellini, *Notizie istoriche degl'intagliatori*, Sienne, 1771, in-12, t. II, p. 277-278. Les autres auteurs anciens qui parlent de Meitingh (Fuessli, *Allgemeines Künstlerlexikon*, Zurich, 1779, 2 vol. in-fol., voir t. I, p. 419 et Nagler, *Neues allgemeines Künstler-Lexikon*, Munich, 1835-1852, 16 vol. in-8°, voir t. IX, p. 52) se contentent de recopier de manière fautive les propos de Gori Gandellini.

9. Daniel Ternois, *Jacques Callot : catalogue complet de son œuvre dessiné*, Paris, F. de Nobele, 1962, p. 133-135.

10. Charles E. Cohen, « Pordenone's painted façades on the palazzo Tinghi in Udine », *The Burlington Magazine*, août 1974, p. 445-457. Merci à Vanessa Selbach, qui m'a transmis ses informations sur les Tinghi et sur les Mei.

11. *Grande Dizionario enciclopedico UTET*, t. XX (1994) ; William Pettas, *The Giunti and the Book trade in Lyon*, Florence, Olschki, 1997. Henri Baudrier, dans sa *Bibliographie lyonnaise. Sixième série : recherches sur les imprimeurs, libraires, relieurs et fondeurs de lettres de Lyon au XVIe siècle [...]* publ. et continuées par Julien Baudrier, Paris, 1964, outre qu'il rencontre à plusieurs reprises Baccio et surtout Filippo Tinghi, mentionne même un certain « Antonio Mei, Florentin », témoin à la signature du testament du libraire lyonnais Jean-Baptiste Regnauld (associé aux Giunti) le 2 avril 1594 à Lyon.

12. Ternois, *op. cit.*, p. 45, n° 16, en décrit un, en contrepartie par rapport à l'estampe, à la plume, avec lavis de bistre et rehauts d'or au pinceau, conservé au Petit-Palais à Paris, et qui mesure 760 x 930 mm ; il l'attribue alors à Callot, mais, dans ses notices au catalogue *Claude Gellée e i pittori lorenesi in Italia nel XVII secolo. Claude Gellée et les peintres lorrains en Italie au XVIIe siècle*, Rome et Nancy, 1982, voir le n° 18, p. 152-154, puis dans son supplément de 1999 – *Jacques Callot. Catalogue de son œuvre dessiné. Supplément (1962-1998)* – il est contraint de le rejeter, à la suite de la découverte au verso de la feuille, après restauration, de la signature d'un copiste, Ascanio della Penna, accompagnée de la date de 1629.

13. Pierre Rosenberg, *Mostra di disegni francesi da Callot a Ingres*, Florence, Uffizi, 1968, n° 7.

14. D. H. Russell, qui (*op. cit.*, p. 172, n° 128) désigne à ce propos Meitingh sous l'appellation « M. Tinghi, the court diarist », le confond probablement avec Cesare Tinghi, dont le journal, paraît-il, rapporte les fêtes de la cour des Médicis au XVIIe siècle.

15. *Claude Gellée e i pittori lorenesi in Italia, op. cit.*, voir les n°s 17 et 18, p. 152-154.

16. Voir *supra*, note 12.

17. On notera que, au moment où nous écrivons ces lignes, apparaît dans le commerce d'art (Hampel-Auctions, Munich, cf. *Gazette de l'Hôtel Drouot*, 16 mars 2007, p. 28) un tableau peint à l'huile sur toile attribué à Faustino Bocchi (Brescia 1659-1741), mesurant 77 x 94 cm, qui reprend exactement le dessin en question, y compris la jambe raide du grand démon.

18. Edouard Meaume, *Recherches sur la vie et les ouvrages de Jacques Callot [...]*, Paris, 1860, 2 vol., voir t. II, p. 619, signale deux états : le premier avec la mention *Con priuilegio*, tandis que le second porte à la place *Superiorum permissu* ; dans les deux cas, le nom de *Iacomo Callot* figure comme inventeur, alors que la version de Callot ne porte pas de nom du tout.

19. Jusqu'à une date indéterminée dans le XVIIIe siècle, il était apparemment impossible d'imprimer des estampes en taille-douce faisant plus d'une soixantaine de centimètres de long, sans que l'on puisse vraiment dire si c'était à cause de la presse, du cuivre ou du papier.

20. L'artiste a raconté sa démarche dans une note dactylographiée adressée à l'auteur, au moment où celui-ci préparait pour le musée lorrain de Nancy une exposition intitulée « Jacques Callot multiplié. *La Tentation de saint Antoine*, originaux, copies et variations » (17 janvier – 21 avril 2002) ; voir le catalogue dans *Le Pays lorrain*, 2002, vol. 83, 1, p. 7-20.

21. *Érik Desmazières. Etchings and aquatinte*, 9 novembre – 4 décembre 1993. C'est d'ailleurs en lui achetant une *Tentation* [agression] *de saint Antoine* gravée à la manière noire par Abraham Blooteling (1640-1690) d'après Camillo Procaccini (Hollstein, *Dutch…*, 219) que l'artiste avait fait la connaissance du marchand, quelques années plus tôt. Et c'est à Christopher Mendez que finalement il acheta la belle épreuve de la copie de Mei Tinghi qui figura dans le catalogue de l'exposition vente que le marchand consacra à Jacques Callot en novembre-décembre 1992, sous le n° 50 (2e état, la date mal lue en 1637 au lieu de 1627).

22. *Érik Desmazières. Gravures récentes*, [1993].

23. Sous la cote : RES-Ed-130.

24. Andrew Fitch, *Érik Desmazières. Etchings 1991-2001*, préface de Maxime Préaud, New York, Fitch-Febvrel Gallery, 2001, n° 141. L'estampe de la première planche seule a été tirée à 50 exemplaires, auxquels sont venues s'ajouter 25 épreuves des deux planches imprimées ensemble.

25. Andrew Robison, *Piranesi Early Architectural Fantasies. A Catalogue Raisonné of the Etchings*, Washington, National Gallery of Art, Chicago – Londres, The University of Chicago Press, 1986, n° 21-24.

26. Andrew Fitch, *Érik Desmazières. Etchings 1972-1981*, préface de Lucien Goldschmidt, New York, Fitch-Febvrel Gallery, [1982], n° 20. Il reprendra d'ailleurs cette idée plus tard, en 1988, au verso d'une autre plaque, avec *Chaos* (Fitch, n° 118).

27. M. Préaud, *Jacques Callot multiplié*, 2002.

CATALOGUE [p. 29]

1. Redon, *À soi-même. Journal. 1867-1915*, Paris, José Corti, 2000, p. 9.

2. F. Wasserfallen, dans *Érik Desmazières. Œuvres 2000-2006. Dessins et gravures*, Neuchâtel, Galerie Ditesheim, 2006, p. 3.

VILLES [p. 33]

1. M. Onfray, *Métaphysique des ruines. La peinture de Monsù Desiderio*, Bordeaux, Mollat, 1995, p. 35.

2. T. Todorov, *Introduction à la littérature fantastique*, Paris, Seuil, 1992, p. 46.

BATAILLES [p. 51]

1. Voir *infra* l'essai de M. Préaud, « Accéder à la *Tentation* ».

EXPLORATIONS [p. 67]

1. J.-N. Jeanneney, dans O. Rolin, E. Desmazières, *Une invitation au voyage*, Paris, Bibliothèque nationale de France, 2006, p. 6.

CURIOSITÉS [p. 81]

1. Mabille, *Le Miroir du merveilleux*, p. 24, cité par T. Todorov, *op. cit.*, p. 62.

2. Brion, *L'Art fantastique*, Paris, Albin Michel, 1989, p. 47.

BIBLIOTHÈQUES [p. 109]

1. E. de Heer, B. van den Boogert, dans *Érik Desmazières*, Amsterdam, Hercules Segers, 2004, p. 12.

BIBLIOGRAPHY | BIBLIOGRAPHIE

Borges Jorge Luis, Desmazières Érik, *La Biblioteca de Babel. La bibliothèque de Babel*, Paris, Les Amis du livre contemporain, 1997, 52 p., 11 ill.

—, Desmazières Érik, *The Library of Babel*, préface d'Angela Giral, Boston, David R. Godine, 2000, 36 p., ill.

Brion Marcel, *L'Art fantastique*, Paris, Albin Michel, 1989, 257 p.

Érik Desmazières, cat. d'exp. (Amsterdam, The Rembrandt house, 17 septembre – 12 décembre 2004), cat. d'Ed de Heer et Bob van den Boogert, Amsterdam, Hercules Segers, 2004, 113 p., ill.

Érik Desmazières. Amor librorum pictorum nos unit, cat. d'exp. (Paris, Arsène Bonafous-Murat, [2002]), Paris, Arsène Bonafous-Murat, 2002, 20 p., ill.

Érik Desmazières. Dessins et gravures, cat. d'exp. (Neuchâtel, Galerie Ditesheim, 12 février – 19 mars 2000), Neuchâtel, Galerie Ditesheim, 2006, 35 p., ill.

Érik Desmazières. Gravures récentes, cat. d'exp. (Paris, Arsène Bonafous-Murat, [1993]), Paris, Arsène Bonafous-Murat, 1993, [n. p.], ill.

Érik Desmazières. Œuvres 2000-2006. Dessins et gravures, cat. d'exp. (Neuchâtel, Galerie Ditesheim, 18 février – 15 avril 2006), préface de François Wasserfallen, Neuchâtel, Galerie Ditesheim, 2006, 35 p., ill.

Érik Desmazières. Paris à grands traits. Eaux-fortes et dessins, cat. d'exp. (Paris, musée Carnavalet, 18 octobre 2006 – 25 février 2007), Paris, Paris musées, 2006, 127 p., ill.

Érik Desmazières. Villes rêvées, villes gravées, cat. d'exp. (Metz, Arsenal, 30 janvier – 21 mars 1999, Luxembourg, BIL – Galerie l'Indépendance, 26 mars – 28 mai 1999), préface d'Angelo Rinaldi, Metz, Arsenal – Luxembourg, BIL, 1998, 36 p., ill.

Fitch Andrew, *Érik Desmazières. Etchings 1972-1981*, préface de Lucien Goldschmidt, New York, Fitch-Febvrel Gallery, [1982], [56 p.], ill.

—, *Érik Desmazières. Etchings 1982-1991*, préface de Robert Flynn Johnson, New York, Fitch-Febvrel Gallery, 1991, [n. p.], ill.

—, *Érik Desmazières. Etchings 1991-2001*, préface de Maxime Préaud, New York, Fitch-Febvrel Gallery, 2001, [n. p.], ill.

Heer Ed de, Boogert Bob van den, « The graphic universe of Érik Desmazières », dans *Érik Desmazières*, cat. d'exp. (Amsterdam, The Rembrandt house, 17 septembre – 12 décembre 2004), Amsterdam, Hercules Segers, 2004, p. 5-32, ill.

Kleist Heinrich von, Desmazières Érik, *Le tremblement de terre du Chili*, Paris, Les Bibliophiles de l'Automobile-Club de France, 1987, 47 p., 9 ill. [traduit de l'allemand par G. La Flize].

Manguel Alberto, Guadalupi Gianni, *Dictionnaire des lieux imaginaires*, Arles, Actes Sud, 1998, 665 p., ill. [1e éd. 1980, traduit de l'anglais].

Mauriès Patrick, « Patience d'Érik Desmazières », dans *Érik Desmazières. Paris à grands traits. Eaux-fortes et dessins*, cat. d'exp. (Paris, musée Carnavalet, 18 octobre 2006 – 25 février 2007), Paris, Paris Musées, 2006, p. 9-15.

Melville Herman, Desmazières Érik, *Benito Cereno*, Paris, Les Bibliophiles de France, 1980, 98 p., ill. [traduit de l'anglais par P. Leyris].

Onfray Michel, *Métaphysique des ruines. La peinture de Monsù Desiderio*, Bordeaux, Mollat, 1995, 112 p., ill.

Rolin Olivier, Desmazières Érik, *Une invitation au voyage*, Paris, Bibliothèque nationale de France, 2006, 39 p., ill.

Sidey Tessa, « Notes on Desmazières », *Print Quarterly*, 2005, juin, n° 2, p. 197-199, 2 ill.

Todorov Tzvetan, *Introduction à la littérature fantastique*, Paris, Seuil, 1992, 187 p.

PHOTOGRAPHIC CREDITS | CRÉDITS PHOTOGRAPHIQUES

Hastings-on-Hudson (NY), Robert K. Elliott : p. 61

Paris, Érik Desmazières : p. 108, 112

Paris, Érik Desmazières, Philippe Sébert : p. 32, 36, 47, 55, 66, 77, 79-II, 80, 86, 87-II, 90, 100, 111, 113, 115, 116, 118, 120

Paris, Érik Desmazières, Yves Langlois : p. 6, 8, 28, 37, 38, 39, 40, 41, 46, 48, 49, 50, 53, 56, 57, 58, 59-I, 59-II, 60, 62, 63, 64, 69, 70, 72, 75, 79-I, 83, 85, 93, 96, 97, 121, 122, 123, 124

Paris, Érik Desmazières, Jean-Louis Losi : p. 103

Vevey, musée Jenisch – Cabinet cantonal des estampes : p. 87-I

Vevey, musée Jenisch – Cabinet cantonal des estampes, Claude Bornand : p. 16, 43, 44, 45, 65, 89, 95, 105, 106, 107, 117, 119

Zurich, Graphische Sammlung de l'ETH : p. 54, 71, 73, 88-I, 88-II, 98, 99

Photogravure
Eurofotolit, Cernusco sul Naviglio (Milan)

Cet ouvrage a été achevé d'imprimer sur les presses
de GECA Industrie Grafiche, Cesano Boscone (Milan)
en mai 2007, sur papier Garda Kiara 135 g.

Dépôt légal : mai 2007

Imprimé en Italie